JN315705

消えた子ども社会の再生を

国分アンビシャス広場12年の軌跡

藤田弘毅

海鳥社

子どもは子どもの中で育つ

福岡教育大学名誉教授　横山正幸

冬、ある土曜日の午後、久しぶりに国分アンビシャス広場を訪ねてみた。子ども達の歓声が聞こえる。小さな広場の端に子ども達がいっぱい集まっている。大きい子も小さい子もいる。皆、男の子たちだ。その数四十五人くらいだろうか。三、四人のリーダーらしき子が周りの子どもたちに何か指示をしている。間もなくコマ回しが始まった。複数の子が入り乱れてやっている。コマを回す子が次々と代わる。どの子がどのグループなのかはよくわからないが、団体戦のようだ。コマの直径は八・五センチ以下、高さは五・五センチ以下との約束だそうだ。芯は鉄。かなり大きい。それを子ども達は群れの中で時に「どいて！」と叫びながら大胆に投げる。見ていてハラハラするが、子ども達はとんできたコマをじょうずに避ける。見ている子、回す子、どの子も表情は真剣だ。白けたり、ふざけている子は一人もいない。大人の指示や注意など全くない。

勝負がついたのは四時半頃だったろうか。その間約二時間、よく晴れた日ではあったが、それでもじっと立っていると、底冷えがしないわけではなかった。しかし、どの子もジャンバーをフェンスにかけ、コマ回しに熱中していた。中には半袖姿の子もいた。かつて「子どもは風の子」と言われたものだが、まさにそれを彷彿とさせる光景であった。そこには、今ではほとんど見ることのできない生き生きとした子どもの社会があった。

地域の子ども社会のなかで繰り広げられる仲間との豊かな遊び体験は、子どもの育ちに欠くことのできない大切な「栄養素」である。しかし、そうした子ども社会は、この四十年くらいの間に見事に消えてしまった。本書は、その消えた子ども社会の再生を目指し、十二年間にわたって地域の「おっちゃん」として子ども達と直接関わり、取り組んできた藤田弘毅氏の実践と、そこから見えてきた知見をまとめたものである。

藤田氏は、長年福岡県庁で子どもとは無縁の領域で仕事をしてきた生粋の「行政マン」である。その藤田氏が子どもの問題に目を向けるようになったのは、二〇〇一年に始まる福岡県青少年アンビシャス運動の計画立案に深く関わるようになってからだ。一九九九年、当時の福岡県知事麻生渡氏の提案でこの運動は構想された。その時、知事の意向を受け、中心的に動いたのが藤田氏である。青少年アンビシャス運動というのは、様々な体験をさせることにより、夢と志をもった意欲的な子ども達を育もうという県民運動である。その最大の特徴は、問題が起こってからその解決に向けて取り組む「後追い型」の青少年健全育成運動ではなく、むしろ子どものもつ成長・発達の可能性を大きく伸ばすことに力点を置いた「プラス志向」の青少年健全育成運動だということにある。

そして、この運動の中心的な取り組みの一つが「アンビシャス広場」の活動であった。それは、いわば「巣ごもり」している子を家から出し、本来の子どもの生活を取り戻そうという試みである。時間を忘れ、大勢の友達と夢中になって遊ぶようにさせるための方法である。放課後や休日、そこに行けば大きい子も、小さい子もおり、遊びや様々な活動がある、そして、子ども達の遊びや活動を温かく見守り、応援してくれるボランティアのおじちゃんやおばちゃんがいる、そんな地域のなかの子どもの「居場所」が「アンビシャス広場」である。藤田弘毅氏が取り組んできた「国分アンブシャス広場」の活動もその一つである。

今日、いじめ、不登校、学級崩壊、校内暴力など子どもを巡る問題はますます深刻の度を深めている。しかし、問題はそれだけではない。特に問題を起こしているわけではないが、笑顔のない、抑鬱傾向の子ども達が増えているという事実も私たちは忘れてはならない。

世界三十数か国で十五年間にわたって仕事をしてきた、私の知人山口秀範氏は、著書『殉職・宮元警部が伝えたかったこと』（二〇〇九年、中経出版発行）の中で、貧しい発展途上国の子ども達の目はどれもキラキラと光っていたが、しばらくぶりに帰って出会った日本の子ども達の目には輝きがなく、心が動いていないことに「カルチャーショック」を受けたと述べている。実際、最近の様々な調査は、「何もしたくない」「イライラする」「眠れない」「食欲がない」など、精神衛生のよくない子ども達が少なくないことを明らかにしている。

なぜだろうか。考えられる最も大きな原因の一つは、子どもの生活から時間を忘れて夢中になって友達と遊ぶという、「子どもらしい生活」が完全に抜け落ちてしまっていることである。子どもは知的な学習だけで育つのではない。遊びという「体験」も不可欠なのである。遊びは、子どもの日々の生活を楽しく「はり」のあるものにする。また、自尊感情や体力・運動能力を高めたり、自主性、社会性、耐性、創造性など心の力の発達を促す。さらにはストレスも解消する。

ところが、今は平日はもちろん、夏休み中でさえ、また子どもが大勢いる地域ですら児童公園で元気に遊んでいる子ども達の姿を見ることはほとんどない。彼らの多くは「巣ごもり」する子と言われるように家の中で一人でテレビを見たり、ゲームをしたり、あるいは所在なく過ごしている。当然、心地よい疲労感はない。活動しなければ食欲もない。しかも家の中で長時間メディア漬けになっていては、眠るべき時刻にも目が冴え、眠れなくなる。就寝が遅くなれば、十分な睡眠はとれない。そうなれば、自立起床ができず、起きても頭がすっきりしない。食欲もない。意欲も起こらない。遊びという発散がないわけだから時にはイライラし、無性に暴れたい気持ちにもなる。遊びの欠落は子どもの生活に負の連鎖を引き起こすと言ってよい。もちろん、自主性、社会性、耐性など心の力は育たない。長期的に見ればいつまでも自立した大人になれないことになる。いじめや不登校、増え続ける小学生の暴力行為、さらには今日大きな社会問題になっている青年の引きこもりも、こうしたことと決して無縁ではない。

なぜ子どもの遊びが地域から消えてしまったのだろうか。最大の原因は、子どもの遊びに対する大人の無理解と、子どもの生活に対する過度の保護と干渉である。子どもが目を輝かせて遊ぶには、そのための「自由」が必要だ。ところが、幼い時から「泥遊びはダメ」「イタズラをしたらダメ」「喧嘩はダメ」「あの子と遊んだらダメ」「塾に行きなさい」「お稽古ごとに行きなさい」と保護や干渉が強過ぎるのである。それは、いわば見えない「おり」の中に入れられたような状態である。これでは、子どもは友達と集団をつくって遊ぶ時間がない。また、異年齢の子ども社会が崩壊したために、遊び方が継承されていない。遊びをリードする「ガキ大将」、すなわち仕切る子もいない。そのため時間と場所と仲間が与えられても集団で楽しく遊ぶことができない。

しかも、都会では過密な住宅と車のために遊ぶ場所もなくなってしまった。また、最近では子どもが被害者となる事件が頻発し、子どもの外での遊びを親が止めざるを得ないという事情もある。そして、問題をさらに深刻にしているのは親自身がすでに子ども時代にあまり遊んでいない世代だということである。子ども社会は一九六〇年頃から崩壊し始め、一九八〇年代には今とほとんど変わらない状況になっていた。その中で育ってきたのが親世代である。子どもの外での仲間遊びが発達的にどんなに大切か、子どもの遊びとは本来どのようなものなのか、子どもを遊ばせるにはどうしたらよいのか、イメージすることが難しい。子どもがテレビやゲームに没頭していても、それはかつての自分の生活と基本的には重なるものであり、疑問を抱くことは少ない。子どもの生活とはそういうものだと思っている。

子ども達に遊びを保障することは、子ども固有の権利、すなわち「発達する権利」を保障することにほかならない。笑顔の輝く、心豊かで逞しい子を育むには、豊かさのなかでいつの間にか私たち大人が忘れてしまった子どもの仲間遊びの大切さを再認識し、子ども社会の再生に向けて親はもちろん、教師も、地域の人々も真剣に取り組む必要がある。

もちろん、これまでも子ども会育成会など社会教育関係団体やボランティア・グループによる積極的な取り組みがなかったわけではない。むしろ子どもの遊びを活性化するために各地で様々な地道な努力がなされてきた。ただ、残念なことは、その取り組みの多くが行事中心主義、大人主導の活動になっていることである。楽しい行事を組めば確かに子ども達は集まってくる。しかし、あくまでも「お客様」である。それがきっかけとなって子ども達の自主的な遊び集団ができることはまずない。また、大人が計画し、大人が指示する活動では子どもはいつまでも受け身の状態で遊びの自立ができない。子ども達が自主的に生き生きと遊ぶには、子ども達の中にリーダーがいることが大切である。

子ども達が集まってもそこに仲間を束ねるリーダーがいないと、その集団は烏合の衆であり、遊びは始まらない。そして、子ども達が自分達で遊ぶことができるようになったなら、関わる大人はそっと手を引き、温かく見守ることが大切である。それは、遊びは本来子ども達の世界のことだからである。

藤田弘毅氏の実践の素晴らしさは、試行錯誤の取り組みを重ねながらこの事実に気づき、それまでの発想を大胆に転換し、真の子ども社会の再生を図ったところにある。活動の内容としては、コマ回しが中心となっているが、決してそれが最終的な目的ではない。コマ回しは、あくまでも子ども同士をつなぎ、仲間としての凝集力を高め、子ども社会を育てるための一つの手段に過ぎない。

本書は、遊びを通して子ども達が健やかに育つことを願い、現在地域で取り組んでいる人々、またこれから取り組もうとしている人々にとって、子ども達とどう関わり、子ども社会をどのようにして再生するのか、その具体的な方法を示してくれる、まさに必読の書である。

消えた子ども社会の再生を——国分アンビシャス広場12年の軌跡◉目次

子ども社会づくりに再挑戦

アンビシャス広場から学んだこと

青少年問題とは何か

解決に向けて議論

青少年育成地域活動を始めるきっかけ

教育に全然関係のなかった私が、なぜ青少年健全育成の活動を始めたのか。まず、それから述べてみます。

私は、福岡県庁に勤める地方公務員でした。県庁では知事のもとで環境対策、森林の保全、土地利用、広報などを担当する事務職員で、教育委員会の仕事とは全然関係のない、いわゆる知事部局の公務員です。

一九九九年、私は総務部の県民情報広報課長で、主に県の広報の仕事をしていました。当時の麻生渉福岡県知事に呼ばれて、「君に環境生活部の県民生活局長をやってもらいたい。そして青少年問題に取り組む県民運動を担当してもらいたい」と言われました。県の場合、局は部の下にあり、県民生活局は、青少年対策のほかに、文化、消費者、女性政策などの仕事があります。それなのに「青少年問題に取り組む県民運動を」との直接の指示でした。「なにをするんですか」とたずねると、「文部科学省は〝生きる力〟と言っているが、あれではだめだ。このままでは日本の子どもたちは外国に比べて遅れをとってしまう。そこで福岡県がまず県民運動を起こして新たな流れをつくりたいと思っている。その運動をやってもらいたい」とのことでした。「それは、教育委員会の仕事ではないですか」と問うと、「文部科学省ができないのを教育委員会にできると思うか」と聞き返されました。私も県民運動を起こして人を引っ張ることは教育委員会には向いてないだろうなと思いました。

それで私は「分かりました、どうすればいいんですか」と質問したところ、「それを考えるのが君の仕事だ、まず識者の意見を聴け。そして多くの県民の意見を聴きながら県民を巻き込んだ運動にするんだ」との指示でした。これが、私が青少年活動に足を踏み入れたきっかけです。

この県民運動は、後に「青少年アンビシャス運動」として福岡県全体に広がる大きな運動となり、文部科学省の事業にも取り入れられるなど、注目される運動になります。

青少年問題とは何か

一九九九年四月、私は県民生活局長に就任しました。県民運動担当の青少年課では、知事を交えての議論が進められており、数名の地元福岡の有識者の意見も聴取されてまとめられていました。私はそれを読み、少しずつ青少年問題の勉強を始めました。当時、福岡県でいじめにより中学生が自殺した事件があって、大きな問題となっていました。それだけではなく、青少年にはほかにもいろんな問題があることも分かってきました。

多くの方の意見は人それぞれに視点が違いますので、どこに視点を置くかで問題の受け止め方が大きく変わってきます。若者が社会に出られない、いわゆる引きこもりから、今後の日本をリードするエリートの問題まで、多様で複雑な問題ばかりです。私なりに深刻な問題から順に整理してみると、次の通りになりました。

①少年犯罪の低年齢化、いじめ、不登校、引きこもり
②規範意識の低下、コミュニケーション能力の低下、自立心の欠如
③無気力、学力低下、指示待ち族など

原因についても、また人それぞれにいろんな意見があります。主なものをあげると、
・戦後教育の失敗
・結果平等を求める教育の問題
・教員の質の問題
・家庭教育の低下（父親不在、過干渉、しつけ不在）
・核家族化
・欠点の指摘、ほめない教育
・偏差値、受験中心の教育
・訓練不足
・教育環境の悪化（有害情報）
などです。

青少年問題にかかわりだして気がついたのですが、大人はみんなそれぞれの意見をもっています。しかし改善するかとなると、家庭が変わらないと、大人が変わらないとなど、簡単に改善できないことが多く、曖昧です。

私は県民運動として何をしたらいいのか、ますます分からなくなりました。

江崎玲於奈氏をはじめとする著名人の見解

アンビシャス運動を県民運動とするためには県民の意見を聞く必要がありますが、ただやみくもに

県民の意見を聞いても、方向づけることは難しい作業です。地元の有識者などの意見は聞いていましたが、確信がもてない点も多かったので、日本を代表する識者の意見を聞くことから始めることになりました。

意見をうかがったのは、渡辺昇一、江崎玲於奈、原弘子、加藤尚武、河合速雄の五氏です。アンビシャス運動の作業を行うチームのみんなで手分けして訪ねました。現在の日本の教育の問題点、平等教育、歴史教育、個性を伸ばす教育など、さすが有識者だと思う意見がたくさんありました。全部紹介することはできませんので、ここでは関係のある一部だけを紹介します。

渡辺昇一氏（当時・上智大学教授）

①平等信仰からの脱却から始めるべきだ。みんな平等になろうということは、全体の水準を下げようというのと同義になる。能力や努力が評価される社会でなければならない。そうしないと社会全体の活力がなくなる。才能を伸ばしてやることが重要である。

②自分が好きなことだけをやるのが自由や個性の尊重ではなく、一般社会の中でどれだけ独自性を発揮するか、自立して生きていくかであり、それには自己責任や自己決定能力が必要である。

③公立学校だけが教育の場ではない。独自性のある塾などを認め、選択肢の幅を広げることが必要だ。アンビシャス塾をいっぱいつくったらどうか。

江崎玲於奈氏（当時・茨城県科学技術振興財団理事長）

①日本の教育というのはお手本志向で、模範生みたいなものがあって、それに倣《なら》えと教えられる。

そして模範から差を表す偏差値というようなものを考える。それは、人間の能力は基本的に同じだと考え、質が同じだから違うのは量だけだというとらえ方である。だから量ではかる。これは平等主義といえばそうかもしれないが、人間の能力というものはもっと複雑だから、自分の能力を見つけてそれに合った教育を受ける必要がある。「玉琢《みが》かざれば器を成さず」という言葉があるが、みんな同じ玉をもっているわけではない。それぞれ違う玉なので、その玉をよく見定めてそれに合ったカットをしないといけない。

②我が国の教育は、受け身型の教育になっており、子どもも能動的に自分からやろうとする精神が少ない。アメリカ人は、アメリカ自体が競争社会だから、自分で考えて自分の能力を生かそうと考える。これからの日本は個人の能力を高めることを通じて日本全体が盛んになることをしないといけない。

③日本では基本的に、子どもの能力はだいたい同じだと考えている。だから、皆さん一生懸命努力すれば何でもできると言っているが、必ずしもこれは正しいとは思えない。もって生まれた能力、あるいは資質は、人によって違うわけだから、それに基づいてその個人に合った教育をすべきだと思う。

④子どもたちをアンビシャスにするためには、まずやる気を起こさせないといけない。今の日本は子どもたちのやる気をそぐような教育をやっている。先生がみんな面倒をみているが、子どもたちが自分で一生懸命苦労してやることが大事。日本の先生は、物事を教えることが好きなようだ。

⑤動物たちの行動は、全部遺伝情報に基づいている。しかし人間は、ハードウェアは遺伝情報で決められているが、自分の行動を決定するプログラムを書くことができる点で、動物と違う。子ど

もたちがアンビシャスになるということは、自分で自分の行動を決定するプログラムを書くことができるということ。このプログラムの書き方を教えるのが創造性の教育である。

⑥子どもたちが自分で考え意思決定するようになるためには、家庭・地域社会は、あまり取り組みをしない方がいいでしょう。取り組みをするという考え方自体が、子どもたちを自由奔放にさせることを避けている。小さい時から自立というものを教えないといけない。基本的な「物は盗《と》ってはいけない」など「してはいけない」ことは教えないといけないが、「何々しなさい」ということは教えない方がいい。日本では「しなさい」ということを教える。自分でやる気を起こすことが大事で、どうしたら自分からやる気を起こすということが問題である。

原ひろ子氏（当時、お茶の水女子大学教授）

①これからの日本を支える子どもたちを育てるには、基本的には、子どもたちを信ずることだと思う。あなたたちが二十一世紀を担うわけだから、よく勉強して考えてほしいという姿勢が大事。私は、かねがね「健全育成」という言葉には反対しているのだが、大人が指導しようとか育成しようとかではなく、子どもに自分から育っていただくという発想が必要。

②子どもたちの個性や創造性を育てることが重要だ。学校教育は常に個性と言っているが、全然やっていない。初等中等教育においては期待できない。今は地域の教育力に期待するしかないと思う。

加藤尚武氏（当時、京都大学教授）

①今までだと周りの大人が子どもを見ていた。学校の先生も映画館に生徒がいないか確認に行っていた。しかし、今ではそういうことが不可能になっている。以前のように周りの大人が子どもをよくするのではなく、子ども自身でよいか悪いか判断しなければならない。自立的な判断基準が強くならなければ、世の中うまくいかないようになっている。そういう状況であるのに、現代の子どもは、強くなっているのではなく、むしろ甘やかされ、いい加減に育てられているのが実情。子どもが自分でいいか悪いかを判断することが、もっと強化される必要がある。

②私たちの時代には年齢差集団というのがあって、年齢が上の子どもは下の子を適当にいじめるけれども、あまりひどいいじめはしないで、何かの時には上の子どもが下を守った。いわゆる親分子分、兄貴分弟分のような関係があって、それが子どもの中で自立的な秩序をある程度つくっていた。これは悪い面もあったかもしれないが、子どもの社会の秩序というのは年齢差、つまり年長者と年少者によってつくられていたので、ここで自律的な判断をすることなどいろんなことを身につけていた。しかし、今の子どもは圧倒的に同世代集団が強くなっている。小学生から中学生くらいの間に年齢差集団が少なすぎるというのが非常に問題だ。年齢差集団をいろんなかたちで導入したほうがいいと思う。

河合隼雄氏（当時、国際日本文化研究センター所長）

①これから県民運動を起こすならば、はっきり言えるのは、できるだけ子どもの自主性を尊重すること。今は何かと大人が手をかけすぎていると思う。子どもの自主性を尊重して、その裏側では、

「これはいけない」というのをはっきりしないといけない。そうすれば、自由というのは制限があるから自由だということが分かってくる。

②アンビションという時に、大発明、大発見というのもいいが、庭の木が逞しく育ったとか、好きな人にセーターを編んで着せるとか、アンビションの概念をもっと広くとらえていいと思う。目標をもって、それに邁進《まいしん》している人がアンビシャスな人だと思う。要はその子が自分の目標をどのように見つけ出せるかだろう。日本の教育は、単純に子どもたちに知識を教えすぎる。自分で決めさせるのではなく、あなたの点数はこれだけだからこの大学レベルしか行けないとか、子どもの希望を奪うように奪うようにしている。この先どんなことがあるか分からないとかは、だれも言わない。

③今は、子どもたちを甘やかしすぎて、自主性もないアンビションもない子どもにしている。県民運動としてやろうとするなら、指導者が非常に大事だ。下手に指導しない指導者が必要で、子どもたちの自主性を尊重してやるべきであり、教えるばかりの指導者はよくない。指導者へも訓練が必要になると思う。

私は渡部昇一先生にお会いしてお話をうかがい、ほかの四名の先生方の意見は報告書で読みました。今から思うと先生方の意見をもっと深く吟味すべきだったと思います。先生方の意見は、大まかに言うと「大人はあまり手を出さずに、子どもたち自身で動き自立心を確立することが重要」と言っておられます。運動を考えていた当時は、知事の意向を踏まえた、読書だの、サマーキャンプ、自然体験だのと、大人がポジティブに何をしたらいいか、子どもに何をさせたらいいかを中心に考えていたので、この点については議論が足りませんでした。

特に江崎先生の「あまり取り組みをしない方がいいでしょう」という意見は、今回、資料を読み返しているうちに、こんな意見を聞いていたのだと気づきました。そして、地域で十二年間活動した今、この言葉がいかに重要であるかも分かりました。

百人委員会で議論を始める

二〇〇〇年二月、アンビシャス運動百人委員会を発足し、アンビシャス運動を県民運動とするための議論を始めました。まず、福岡県内を四地域に分け、一地域二十五人で構成する地方部会で議論し、それをさらに学識者で構成する総合部会で議論し、運動の基本方針をまとめていくことになりました。百人委員会は、地域で青少年育成活動を行っている人を中心に、教員、経営者、ＰＴＡ関係者、補導員などで構成され、多彩なメンバーでした。県内四地域で議論を重ねましたが、そこでの議論は自分が行っている活動の報告が多く、県民運動としてどのように進めるかの意見はなかなか出ませんでした。

その過程で、青少年にかかわっておられる方がいかに多いかと驚かされました。日本国中が教育熱心で、地域では少年野球、子ども会、ボーイスカウト、各種体験活動、青少年育成〇〇会議など、いろんな取り組みがなされているのを知りました。福岡県議会では議会ごとに県の教育長が「家庭、学校、地域が一体となって取り組んでおります」と答弁しており、なるほど取り組みはされているのだと思いました。

しかし反面、これだけの取り組みをしているのに、なぜ青少年に多くの問題があるのか不思議でした。皆さんやっておられる取り組みが効果の出ないものなのではないか、必要としている子どもたちを全部カバーしていないのではないか、と疑問がわいたのです。

いろんな意見が出ますが、どのような運動にするかとなると実効性のあるいい提案はなかなかありません。子どもたちをアンビシャスにするためには、偉人伝を読ませる、読書をさせる、サマーキャンプに参加させる、外国人と交流させる、企業訪問をさせる、○○体験させるなどの意見が出される程度で、どうしたら自立心を育めるのかという意見はありません。これらの議論は今まで行われている様々な取り組みの範疇《はんちゅう》から出ないような気がしました。そして、このような取り組みを強化しても根本的な解決にはならないのではないか、県民運動として盛り上げるためには何か新鮮な取り組みが必要ではないか、と思うようになったのでした。

二〇〇〇年四月には県の組織が変わり、県民生活局は新しくできた生活労働部に編入され、私はこの部長を命じられました。所管とする業務も、文化、女性、国際交流、労働問題など、かなり広がりました。しかし、知事の関心が一番高いのはアンビシャス運動でしたから、百人委員会の議論は常に気になっていました。

行政は、事業を具体化し、予算化して事業を進めなければなりません。議論ばかりしていても始まらないのです。県民運動として盛り上げるためには、何か核になる事業が必要です。それが何か分からないまま、時間だけが経っていきました。

運動の核心にふれる

何をしたらいいか迷っていた時に、アンビシャス運動百人委員会総合部会の横山正幸福岡教育大学教授（当時）の話を聞かせてもらう機会がありました。その時、青少年問題の核心に少しふれたと思いました。

先生のお話は「遊び」の不足という内容でした。昔は、地域の子どもだけで遊ぶ「子ども社会」があったが、今はそれがない、これが今の子どもたちの教育に欠けているところであり、青少年問題の一因である、と横山教授は言われました。私自身、あまり勉強しないで遊んでばかりいた子どもでしたので、先生のお話を聞いた時、すぐにピンときました。

ちょうどその少し前に、中学校の同窓会に出席したばかりでした。同級生が百八十人程度の田舎の中学校でしたから、全員顔見知りです。その同窓会で元気よくみんなと交流している者は、ほとんどが昔一生懸命に遊んだ友人でした。今は工務店の社長であるとか、新しい作物づくりに取り組んでいる農業者などで、実に生き生きしているのです。一方、勉強ができた人は、教員、会社員などの職についていますが、あまり目立たないのです。

この経験があったので、勉強ばかりであまり遊んでいない者と遊びに熱中した者とでは、どちらが社会に出て生きていく力があるのかと考えていました。そんな時に先生のお話をうかがって、直感的に子どもたちにとって遊びは重要な要素で、社会を生き抜く力は小さいころに異年齢の子ども社会で遊んだことが大きく影響しているのではないかと考えたのです。それが原因で今の青少年がおかしくなっているのであれば、昔の子ども社会を再生させればいいわけです。

横山先生のお話を聞いてしばらくの後、安藤延男総合部会長（当時、福岡県立大学学長）が門脇厚司筑波大学教授の『子どもの社会力』（岩波新書、一九九九年）という本を持ってこられました。この本を読んで、ますます確信を得ました。

門脇教授は社会学者で、教育問題を人間そのものから見ておられ、新しい視点から青少年問題を指摘されていました。要約すると次のようなことです。

今の人間は、特に若者は「社会力」がついていない。社会力とは「よかれと思う社会を構想し、それをつくり、運営し、その社会をいいものに変えていく力である」。そして、その基盤となるものは「一つは他者を認識する能力であり、二つ目は他者への共感能力ないし感情移入能力である。平たく言えば他人のことが分かるということである」。

要するに、地域のコミュニティと子ども社会が崩壊する中で、若者に「社会力」がつかずに数々の問題を引き起こしているのだ、と言われているのです。

私は、これだと思いました。これを運動の中に入れれば共感する県民が多数いるはずで、運動は成功すると考えました。そして、昔あった子ども社会を再生させればいいんだ、と確信するようになったのでした。

五十年前の地域子ども社会

昔の子ども社会が崩壊している、地域のコミュニティが希薄になっている、というのは確かでした。

私が育った一九五〇年ごろは、大人はいろいろと忙しくて、子どもは勝手に遊んでいました。小さい兄弟がいる子は子守りをしながらでもできる遊びを考えていました。学校の同級生も遊びの仲間でしたが、それ以上に近所の子どもたちで独自の社会をつくっていました。そこにはその社会の行動を決定するガキ大将が自然とできていました。

私たちの遊びは、川での魚とり、小鳥とり、食べられる野草とり、隠れ家づくり、稲刈り後の田んぼでの野球、時にはよその果物を失敬するなど、遊びには事欠きませんでした。そこではだれが一番大きな魚をとったか、珍しい小鳥をとったかなど、成果を上げることが関心の的でした。

遊びであっても工夫や努力がつきもので、道具も使わないといけません。大人は教えてくれませんので、自分たちで経験しながら覚えていきます。怪我をすることもありましたが、どうしたら怪我をするかの勉強にもなりました。当然、喧嘩もしますが、仲良く遊ぶコツをいつの間にか身につけていました。私は泳ぎが苦手でしたが、みんなと川で遊ぶために怖いながら大きい子についていき、泳ぎも覚えました。

私が得意だったのは、小鳥のヒバリとりです。田んぼの小麦が六〇センチぐらいに伸びたころ、ヒバリが空高くピーチク、パーチク鳴きます。その時期に自分の子分である子どもたちと畔道《あぜみち》に隠れてヒバリが麦畑に降りるのを待ちます。一時間以上待つこともありますが、ヒバリの子をとるためにじっと待ちます。ヒバリが降りたら、そっと麦畑に近づき、ヒバリが巣に到着したころに仲間みんなで一斉に麦畑の端から畝ごとに走ります。そうすると親ヒバリがびっくりして飛び立ち、そのあとにはヒバリの巣があり、三、四個の卵があります。後は、ヒバリの親に気づかれないように監視を続けます。学校でもヒバリの巣が気になり、学校が終わったら巣を見に行きます。親ヒバリに気づかれないようにしないと、親が巣に近づかなくなります。毎日の観察の後、雛がかえり、産毛から羽に変わって巣を飛び立つ寸前に確保して、後は自分で育てるのです。

ヒバリを捕まえるのは、その時のガキ大将です。確保したら育てないといけません。一、二時間ごとに餌をやらなければなりませんので、雛を箱に入れて学校に持ってきていた子もいました。休み時間に餌をやります。時には授業中にピーピー鳴くこともあり、先生が「早く餌やらんか」ということもありました。野鳥の保護が厳しくなった今では考えられない光景です。ヒバリを親鳥まで成長させるのは子どもには非常に難しいことでしたが、挑戦していました。麦が大きくなってくる早春にヒバリが鳴きはじめます。その時期がチャンスであることを、子ども自身で判断していました。また捕獲の方法も子ども社会で伝承していました。

冬になると、だれかがコマを持ち出してきて回します。そうするとみんな持ってきて遊びます。相手のコマよりよりもよく回るように芯を調整し、コマを削ったり、鉄の輪をつけたり、全部自分で工夫していました。コマでの遊びは「天下取り」のゲームでしたが、大人が指導するのではなく、前年のルールを使い、だれかがリードして子どもたちだけで始めます。そしてそのルールは翌年にも引き継がれます。子ども社会の中で遊びは伝承されていたのです。私は、コマはあまり得意ではなかったので、みんなより長く回すためにはいいコマを買ってもらわないといけませんでした。しかし、いいコマを買ってもらえない子は、ベアリングの輪をコマに巻くなどいろんな工夫をし、コマの技を磨いて戦っていました。毎日毎日が工作教室をやっているような光景でした。自分でやりたいと思ったことに自分で挑戦し、工夫していたことが思い出されます。

当時の子ども社会は、だれでも入れるものでした。「僕も入れて」の一言で入れたのです。今の地域での取り組みは、野球でもサッカーでもクラブ制で、「野球したいから今日だけ入れて」とは言えなくなっています。外で遊ぶ子が少なくなったのは、子どもたちがいつでも入れる社会がなくなったことも一因と思われます。

私の周りの子はほとんどが農家の子で、いずれは農家を継げばいいということで勉強しなさいと言う親は少なかったようです。そんな子どもたちと遊んでばかりいる私を、公務員で教育熱心な父は好まず「勉強しなさい」とばかり言っていましたが、それでも遊びがおもしろく、宿題もしないで遊んでいました。

子ども社会では大人は助けてくれませんので、全部自分でやっていました。自分の意思で自分から遊んでおり、今から思えば子ども社会は自立心を育む訓練の場でした。

五十年前の環境からすると、今の子どもたちは恵まれています。しかし、恵まれすぎて自分で訓練

できる環境がなくなっているのが現状です。失われた五十年前の子ども社会を取り戻すことが青少年問題の解決につながるのであれば、簡単なことだと思いました。

大きく変わった地域社会

子ども社会の崩壊と同時に、子どもたちの生活環境も大きく変わりました。子どもたちは地域の大人と会話しなくても生活できるのです。一つには自動販売機です。お金さえ入れれば自分の欲しいものが手に入ります。コンビニもそうです。レジに品物を持っていきお金を支払うだけでいいのです。弁当を買う時にも店の人が「温めますか」と聞いてくれますので、何も言う必要はありません。このような環境の中で過干渉の親からの指示を受け、さらにコミュニケーション能力を育てるのが苦手な学校の先生と一緒だったら悲劇です。

昔は買い物をするにしても、うるさい雑貨屋のおばちゃんがいました。今みたいにパックになっていなかったので、「何グラムください」と言って意思表示をしないといけませんでした。そのような場で社会人になる訓練がなされていたのです。

また、五十年前の社会では地域の人によく叱られました。私が小学四年生の時だったと思いますが、ある農家が管理していた堀（堆肥をつくるために川から水を引いて流される栄養豊富な土をため込む囲い）に魚がいっぱい泳いでいるという情報を友人がもってきました。私たち子ども仲間（三年から五年生の三名とその弟、妹たち）は、それをとることにしました。

稲刈がすんで川の水が少なくなっている時期だったのですが、堀には水がたまっています。まず、たまっている水を外に出さないといけません。水が逆流しないように川と堀の間に土手が必要だったので、周辺の土を持ってきて土手を築きました。そして水をかき出し、水が減ったところで泥んこになりながら魚（フナ、ナマズ、ドンコ、ウナギ、ツガニなど）をとっていました。その時、「こらっ」と大声がして、堀の持ち主の農家のおじさんが怖い顔をして駆けてきました。私たちは、網、バケツを持って逃げました。ところが友人の三歳くらいの弟と妹が逃げ遅れて、おじさんの傍で泣いています。遠くに逃げた私たちは、仕方なしにその怖いおじさんのところに謝りに行くしかありませんでした。

私たちはみんなで「すんませんでした」と謝り、おじさんから小一時間ほど説教されました。その堀は、よそでとった魚を大きくするために放流していたものだそうで、一般の川の魚と違うことを聞かされました。特にいけないのは、勝手に土手を築き、堀の周りをめちゃくちゃにしていることだとのことでした。「これを修復するのに一日かからないといけないじゃろが」と、厳しく叱られました。なぜ私たちが叱られたか、その理由がよく分かりました。最後は、親の名前を言って許してもらいましたが、親に苦情は来ませんでした。このように地域の人に叱られることは何度もありましたが、今から思えば、あれは地域で教育されていたのだと思います。小さい子を怖いおじさんから救出するために謝りにいったことも、いい思い出です。

今の子どもたちは地域の人から叱られることが少なくなっています。子ども会などでは、地域の高齢者との交流を目的としてイベントが行われていますが、そのようなつくられた交流は、昔の社会ほどの教育の効果はないように思います。

自宅でゲームをしていれば、悪さをして近所のおじさんにこっぴどく叱られることもありませんが、これでは門脇教授の言われる「子どもの社会力」がつくわけがありません。地域社会の変化も問題だと思いました。

そして、このような地域コミュニティの問題も、地域に子ども社会が再生できれば自然と解決できるのではないかと感じました。

子ども社会の再生をめざす広場づくりを提言

百人委員会の議論を経て、総合部会で青少年アンビシャス運動の中間報告をまとめることになりました。議論が進められ、中間報告案には「地域ぐるみで子どもを育てよう」との項目が入りました。問題は、中間報告に基づく具体的な施策です。意見を言うばかりではなく、具体的な実施案をつくって予算化しなければなりません。

予算化するために、麻生知事ともよく議論し、運動の方向として、外国人と伍していく優秀な若者を育てるのが知事の基本的な考えであることが分かってきました。そうすると、偉人伝を読ませる、外国のサマーキャンプに参加させる、宇宙飛行士の体験談を聞かせる、外国に留学させるなどの事業が中心になります。

私は、県民運動として行うのなら地域に密着した活動で盛り上げないと運動にならないでしょうと主張しました。一部の子どもたちをサマーキャンプに参加させることも結構だけど、子どもたちみんなが逞しくなるために、昔あった子ども社会を再生するための「アンビシャス広場」を地域につくり、常時子どもたちを遊ばせることが県民運動としてふさわしいのではないかと提案しました。知事は優秀な子どもの育成とは直接的には関係ないが、アンビシャス広場が福岡県内にできれば県民にアピールできるとのことで、よしやろうと決断されました。

行政マンとしてある施策案をまとめ提案し、予算化して事業化する。これは当たり前のことですが、まさかその時に「自分まで参加せざるをえなくなる」とは想像もしませんでした。

青少年アンビシャス運動の中間報告まとまる

二〇〇一年二月、一年かけて議論してきた結果、百人委員会の総合部会で中間報告を出していただくことになりました。中間報告は百人委員会の総合部会の意見を聞きながら、行政である事務局がまとめます。ただし委員の方々の言うとおりにすることはできません。事務局としては中間報告を踏まえた事業を進めることになるわけですから、最終的には知事の決裁を受けなければならないのです。自由な意見を聞きながら知事の考えと調整する必要があります。

総合部会との調整の結果、アンビシャス運動の中間報告は、まずメインテーマとして「天性を見出し育成に努める」を掲げ、三原則と十二の提案にまとまりました。その概要は次のとおりです。

運動の三原則

①「誉めて伸ばそう」の原則

②「自主的参加」の原則——運動は自主的に参加する者（団体）で行う

③「交流・評価」の原則——参加する団体は相互に交流する。それぞれの運動の評価を行う

子どもがアンビシャスになるための十二の提案

①まず、大人が意識を変えよう

②「うち」の家庭教育をそれぞれつくろう

③乳幼児期から「社会力」をつけよう

④地域ぐるみで子どもを育てよう

⑤フロンティアに挑んだ先人たちに学ぼう

⑥読書をしよう

⑦自然を体験しよう

⑧外国の青少年と切磋琢磨しよう

⑨自ら鍛え、得意技を持とう

⑩社会体験やボランティア活動をしよう

⑪学校はアンビシャス運動の軸になろう

⑫企業も大学も意識を変えよう

百人委員会の中間報告の問題点

中間報告は、麻生知事の考え方を中心に教育の専門家の意見を取り入れながらまとめたものです。特に麻生知事の思いである、外国の若者と伍していける逞しく優秀な若者を育てることが柱になっていますが、「地域ぐるみで子どもを育てよう」という県民が参加しやすいものも入っているので、全体的によくまとまったものではないかと思っていました。

中間報告をまとめる時に、運動の三原則の中の「誉めて伸ばそう」を入れることは知事の強い意向でしたから、委員会の報告に入れてもらいたいとお願いしました。するとある委員が「子どもは誉めることよりも厳しくしつけることが肝要だ」とのことで、自分はそれを入れることは反対であると一歩も引かれません。自分の受けた教育、自分の子どもにした教育から「誉めて伸ばす」は間違っていると主張されました。私は、その委員の職場に行き、シドニーオリンピックで金メダルを取ったQちゃん（高橋尚子さん）と小出義雄監督の関係を持ち出し「誉めて伸ばして金メダルを取ったんですよ」と説得しましたが、納得されませんでした。結局、その方は委員を辞職されました。

この中間報告が大筋まとまった時、ＢＢＳ（Big Brothers and Sisters Movement）活動をしている塩足裕美さんという若い女性委員から、「中間報告の内容は、子どもたちの息がつまりそうだ」という意見が出されました。たしかに十二の提案のうち子どもたちにやらせようとしているのが、「乳幼児期から『社会力』をつけよう」「フロンティアに挑んだ先人たちに学ぼう」「読書をしよう」「自然を体験しよう」「外国の青少年と切磋琢磨しよう」「自らを鍛え、得意技を持とう」「社会体験やボランティア活動をしよう」の七提案です。後の五提案は「地域ぐるみで子どもを育てよう」など大人への提案になっていますが、大人への提案と言いながら子どもに何かをさせる内容になっているのです。つまり子どもたちに「しなさい、しなさい」と言っているのです。

当時私は、その点はあると思いましたが、子どもたちを逞しくするためにはやむをえないことだとも思っていました。十二年間地域で活動した今、塩足委員の言われたことが少し分かったような気がします。義務ではなく、「遊び」「好きで追及していきたいものにする」。今、実際に活動しておられる方の感性は違うと感心しています。

それから、今にして思えば、江崎玲於奈先生の「あまり取り組みをしない方がいいでしょう」、原弘子先生の「大人が指導しようとか育成しようとかではなく、子どもに自分から育っていただく」、河合隼雄先生の「下手に指導しない指導者が必要で、子どもたちの自主性を尊重してやるべきであり、教えるばかりの指導者はよくない。指導者へも訓練が必要」などの意見を踏まえた取り組みとは、どうしたらできるかの方策を示すべきでしたが、それが足りませんでした。これは、どうしたら子供たちの天性を見出すことができるかの問題とも関連するものであると思いますが、百人委員会でもその議論はほとんどなされていませんでした。せっかく識者の貴重な意見を聞いておきながら、それを十分に生かせなかったのは残念です。「子どもたちの自主性を伸ばし、何もしないで動き出すようにするためにはどうしたらいいか」の議論が必要だったと思います。

塩足委員は、この運動が県民に受け入れやすいように、例えばこのようなものを報告書に載せたらどうでしょうかと「子どもたちへ」という詩を提案され、報告の表紙の裏にその詩が掲載されました。

その中には次の一節が入っていました。

きみがいつしかわたしたちの手を放れ
自分の道を歩いていけるようになるまで
きみの夢を語ってほしい。
どんな小さな夢でもいい
自分で創ろう、自分の道を。

県内各地にアンビシャス広場づくりをお願いする

二〇〇一年四月にアンビシャス運動はスタートしました。昔あった子ども社会の復活を目指す「アンビシャス広場」を、初年度は五十か所つくることになりました。日本の社会全体が変わっていますから、昔の子ども社会を再生することは大変であろうとは思っていました。生半可なことではだめで、少なくとも週二日、それも年間通じて開く覚悟がないとできないだろうと考えていました。よくある子ども会行事などのように、季節行事的に年四回開けばいいという程度では、地域に子ども社会を再生することは無理だからです。それをやってみようという地域のボランティアが出るかどうかが問題でした。

麻生知事には地域を変えようという全国で初めての事業ですからここでケチってはだめです、ボランティアがよしやろうと思うよう、一か所百万円を補助金としてつけるべきです、と進言しました。

ボランティアの手当も出せて、子どもたちを集めて効果を上げることのできる予算にすべきだと考えてのことです。この百万円は、事業のアピールとしては効果的で、地域の皆さんに、よしやろうと決意させたのは確かでした。しかし、こんなに高額の補助をすることに弊害があることを後で知ることになります。

知事は「分かった」と、一か所百万円で総額五千万円の予算案をつくり、県議会に提案することになりました。アンビシャス運動全体では、アメリカなどへのサマーキャンプや読書活動など、いろんな事業があり、総額約一億円程度になりました。ほとんどの事業は県が行うので予算の執行に問題はありませんが、アンビシャス広場だけは地域が立ち上がらなければできない事業です。どれくらいの地域が立ち上がるかが大きな問題でした。

「最低週二日、年間通じての事業」は、ボランティアとしてかなり時間的に拘束されますので簡単ではありません。もし五十か所できなければ、運動の事務方の責任者として、そしてアンビシャス広場の提案者として当然責任があります。そこで何とか広場を開いてくれるように、県下の各地域や青少年関係の活動家にお願いするように、アンビシャス運動のスタッフに檄を飛ばしました。もちろん、私自身も地域の活動家にお願いして回りました。その中である活動家から「太宰府市にアンビシャス広場はできるんですか」とたずねられました。太宰府市在住の私にとっては厳しい問いでした。太宰府市の関係者にも当然お願いしていましたが、できる見通しはついていなかったのです。

ほかの地域にはお願いしていて自分の住んでいる地域はできないでは、なにか情けない気もしましたが、地域にお願いしようにも、ただ寝に帰るだけのところだから、だれも知り合いがいません。

行政は、簡単に地域だ、家庭だという言葉を使いますが、公務員自身は行政の立場から地域の一員という意識はあまりありません。私自身、自治会やボランティアさんたちが地域の活動をされるのであって、自分は行政の立場だから地域とは関係ないと思っていました。公務員は地域と一線を画しているのが当たり前、地域で活動を行う公務員がいたら、仕事以外に打ち込んで、と公務員としての評価は低く見られるのが常識でした。しかし、会社員で地域の活動をする人も多く、公務員も活動すべきではないかとその時に感じました。そして、自分は地域とどんな関係か全然分かっていないことに気づかされました。そのようなことから、自分の地域にお願いしてアンビシャス広場をつくってもらうことにしました。

子ども社会づくりに
挑戦・失敗

アンビシャス広場づくりに挑戦

私は太宰府市国分という所に三十五年前から住んでいます。国分地区は、大和朝廷時代、日本と百済の連合軍が白村江の戦い（六六三年）で敗れた時に日本を防衛するためにつくられた水城、大野城、そして筑前国分寺跡がある、歴史と自然に恵まれた所です。国分区は国分小学校（生徒数約五百七十人）校区で、国分区内の児童は約三百人という地域です。

二〇〇一年五月、国分区の自治会にアンビシャス広場づくりの協力をお願いに行きました。自治会長（区長）にアンビシャス広場について説明しましたが、突然の依頼でもあり、断られました。どうしたらよいか迷っていた時に、私は国分区に一人だけ知人がいることを思い出しました。その人は門田直樹氏といって、私が手がけた福岡県のボランティアセンターの手伝いをしてくれていた人です。門田氏は地域で子どもたちに拳法を教え、コンピューター関係の仕事をしている人物で、その後、私の地域活動に大きな影響を与えることになる人です。彼との出会いがなかったら、アンビシャス広場の成功もなかったであろうと思います。

早速、門田氏に区長に相談したいきさつを話し、自分でアンビシャス広場をつくりたいがどうしたらいいかと相談しました。そうしたら、「区長は協力しないと言ったのですか。分かりました、協力者を集めればいいんですね」と、地域のゴルフ仲間や拳法の教え子に声をかけてくれ、和尚さん、不動産屋さん、電気工事屋さんなど、まず六人くらいが集まってくれました。皆さんいい人ばかりで「子どもたちを集めて遊ばせりゃいいんじゃろ」と言って協力してくれることになりました。

太宰府市国分の風景。背景の山が大和時代に日本防衛の拠点の山城（大野城）があった四王寺山。この山の向こうに太宰府天満宮がある。近くには特別史跡の水城もある

また大きかったのは、私の妻の存在でした。私が半分仕事で地域のアンビシャス広場づくりに奔走していると、自分はこのようなことは好きではないのだけど協力しましょうと友人三人を集めてくれました。その三人（妻を入れて四人）は事実上の広場運営者として、十二年間広場の運営に活躍してくれることになります。

しかし、集まってくれた人の中には仕事をもっている人も多く、毎週二日アンビシャス広場を開くとなるとボランティが足りません。そこで国分区二千所帯にボランティア募集のチラシを入れました。皆さん子どもの教育には関心が高いですから、応募者が多すぎても困るなと思っていました。ところが結果は、お母さんが一名応募してくれただけです。これが現実かと驚きました。

全国のいろんな活動をしている人たちからボランティアの不足が叫ばれていますが、このように厳しい現実とは想像していませんでした。阪神淡路大震災の時のボランティアの盛り上がりは何だったのかと思いました。

あとで分かったことですが、一時的なボランティアは比較的集まりやすいのですが、年間継続して行うボランティアは、まだまだ理解されていないとのことです。また、青少年関係のボランティアは、事故の責任をとらされるから皆さん敬遠されるようです。例えば、学校の側の道路で子どもが蹴ったサッカーボールがバイクの事故につながった事件で、子どもに責任があるという判決が出ました。ほかにも、子どもが池でおぼれた事例で池の管理者の責任が疑問視されるものでも、すべて責任を負わされます。このような判決ばかりでは、子どもたちのために何かをしてあげようと思っても、できなくなってしまいます。結局、ケガをしない当たり障りのない体験事業だけになってしまうのです。

ボランティアは、募集しても集まりませんでした。それで、妻の仲間の女性陣に十二年間負担がかかることになってしまったのです。

さらに問題は場所でした。遊びを中心に異年齢の子ども社会づくりができる場所は、そんなにはありません。国分区の中では、国分ヶ丘集会所（管理人のいない公民館の分館）が最適ですが、土、日曜日はお年寄りの囲碁クラブが使っておられるため使えませんでした。民家を借り上げることも検討しましたが、適当な場所がありません。

そこで囲碁クラブに、子どもたちのために土曜日をあけてくれませんか、とお願いに行くことにしました。囲碁クラブのお世話をする人は明野昌弘さんといって水道屋さんです。実は、この明野さんがアンビシャス広場に貢献してくれる素晴らしい人になるのですが、このことはあとでふれます。

明野さんに相談に行ったところ、「分かりました、囲碁クラブのみんなに相談しましょう」と、いとも簡単に引き受けてくれました。区長に相談に行った時と違い、地域の皆さんはものすごくいい人たちなのです。囲碁クラブからは、すぐにＯＫの返事が来ました。さっそく国分区の一住民グループ

国分ヶ丘集会所

として、土曜日に集会所利用の申請をしました。ボランティアもどうにかそろった、場所も確保できた、資金は県からの補助金がある。いよいよ国分アンビシャス広場をつくることになりました。

広場はつくったものの……

二〇〇一年七月、国分アンビシャス広場を開設しました。国分アンビシャス広場は、国分ヶ丘集会所の建物（プレハブ造り）とその前の広場です。集会所は、築後、数十年たっており、子どもたちは建物を傷つけることを気にせず遊べ、広場は土です。天気のいい日は遊ぶと埃が立ちますが、子どもの居場所にするには最高の場所でした。

そして、土曜日の午後と水曜日の放課後に広場を開くことにしました。当時私は現職の県職員でしたから、県の補助金を受ける事業をするわけにはいきません。そこで広場を運営する広場委員会の会長は、開設に協力していただいた門田直樹氏に引き受けて

古代ペンダントづくり（上）と、料理教室

もらうことにしました。

開設当初は物珍しさもあって、それなりに子どもたちは集まり、土曜日は毎回三十人ほどが来てくれました。社会教育の専門家からも多くのアドバイスをしていただき、ボランティアも子どもたちを喜ばせるために、いろいろなことを考えてくれました。私も土曜日は欠かすことなく広場のボランティアの一員として参加しました。水曜日の放課後は妻と仲間の皆さんが面倒をみてくれました。しかし、毎回、子どもたちを喜ばせる遊びやイベントを考えて実行するのは大変でした。

七月末に開所して翌八月のイベントは、①古代ペンダントづくり、②読み聞かせ、③植物観察、④夏休みの宿題の指導などを開催しました。九月からは毎月、囲碁ポン抜きゲーム大会、子ども料理教室、竹とんぼ教室、工作教室、コンサートなどなど、次々に考えました。

二〇〇一年の運動スタート時期には、福岡県内に六十二か所の広場ができました。県庁の仕事をする中で各広場の報告を受けます。〇〇広場は、毎週素晴らしいイベントを企画して大盛況である、子どもたちが企画して大きい子が小さい子をリードして自主的にやっている広場もある、との報告があります。そうすると国分アンビシャス広場が負けたような気がします。このようにどうしても広場同士が競い合うことになり、変わったイベントを企画したくなります。

大縄跳び（上）と、お化け屋敷

そんなことを考えながら広場を開いていたのですが、半年たっても子どもたちだけで運営する地域の子ども社会は全然できません。ビー玉、メンコも試してみました。大人が一緒に遊んでやると異年齢で遊びますが、自分たちだけでは遊びません。ドッチボール、大縄跳び、バレーボールなども、大人がリードすれば大きい子と小さい子が一緒になって喜んで遊びます。

このように大人が企画した

イベントで子どもたちと、遊ぶと子どもたちは喜びます。しかし自分たちだけで異年齢で遊ぶということはしません。サッカーは年齢には関係なくボールを蹴り合いますが、特に社会ができているようではありません。そういうグループも結局、同級生としてのつながりがベースになっています。これでは自立心をもった逞しい子どもたちは育たないのでは、との疑問を感じながら一年近くたちました。

地域の異年齢による子ども社会はどうしたら再生できるのか、どうしてほかの広場は子どもたちがイベントを企画して子どもたちが実施することができるのか疑問でした。この疑問は後に解けることになるのですが、極めて重要な問題です。

広場に集まる子どもたちと昔の子ども社会との違い

国分アンビシャス広場は、大きい子と小さい子が一緒になって遊んでいます。だから、当初の目的であった地域の子ども社会は再生しました、と対外的には言いたいのですが、どうも私たちが経験した子ども社会とは違うのです。

イベントで子どもたちを集め、イベントが終われば自由に遊ばせますが、二十~三十人の子どもたちが、それぞれに遊ぶのです、小さい子は砂遊び、大きい子はサッカーボールを蹴り合う、別のグループは卓球と、それぞれに別なのです。小さい子がバレーボールをやろうとボランティアにボールを持ってきます。ボランティアがよしやろうと相手にすると、僕も入れて私もと、子どもたちが集まってきます。リーダーがいれば、みんなそこに集まるのですが、子どものリーダーがいないので大人にかまってもらいたいのです。大学生のボランティアでもいると、その周りに集まり鬼ごっこなどがすぐに始まります。しかし大学生がいなくなると、みんなやめてしまいます。

今の子どもたちは、遊ばせてくれるのを待っているのです。自分たちで集まり自分たちで考えて遊ぶ昔の子ども社会とは、全然違います。同級生という学校の延長でのつながりはあるのですが、異年齢のつながりを自分たちでつくれないのです。地域で子どもたちを集めている運動クラブなどは全部大人がリードしていますし、子ども会もそうです。

原因は、ガキ大将がいないことだと思いました。異年齢の子を一つにするリーダーが不在なのです。リーダーをつくるといっても、広場は会員制ではありませんので、簡単にはいきません。学校のクラスのように人が固定されていれば学級委員長の選挙をすればいいのですが、不特定多数が参加する広場ではそれができません。

遊ばせるだけではガキ大将ができないのであれば、ガキ大将を養成することを考えなければなりません。検討の結果、いい案ができました。

リーダー育成のためのアンビシャス塾を開設

異年齢の子ども社会をつくるためには、異年齢でつながりをもたせる必要があります。そのためにはリーダーをつくらなければなりません。五、六年を中心に各学年の元気なリーダー候補がいれば、異年齢社会が活性化すると考えました。

そこで各学年五名、六学年で三十名の予定で、元気でリーダーになれるような子を募集し、土曜日の午前中に「アンビシャス塾」を開くことにしました。そこでつながりをつくり、それがその日の午

読み聞かせ

学習指導

山野草を食べる

山の塾

後のアンビシャス広場で、異年齢の子ども社会づくりの核となるという試みです。
リーダーになれるような優秀で元気な子を集めるために、アンビシャス塾はいい内容のものにしなければなりません。塾のカリキュラムは、アンビシャス運動の方針を受けて魅力的なものをと考え、次の講座を入れました。

①外国人による国際アンビシャス講座
②海外青年協力隊による体験談
③英会話
④創作力をつける工作、折り紙
⑤読み聞かせ、「三国志」などのビデオ上映
⑥判断力、礼儀作法などを身につける囲碁教室、抹茶教室
⑦夏休みの宿題の応援

塾長は地元の有識者にお願いし、地元の教員経験者や大学生ボランティアなどの協

マジック教室

外国人による国際アンビシャス講座

工作

英会話

力者を得て、二〇〇二年七月に開校しました。

　これだけの内容ですから教育熱心な保護者の関心が高く、学校の成績が優秀な子、少し問題がある子、一部には言語障害のある子など、一年から六年生まで男子二十名、女子十一名、合計三十一名が集まりました。三年生が多めでしたが、異年齢の社会の核をつくるのには適当な構成だと考えました。

　アンビシャス塾の開所式には、地元の小学校の校長や地元市会議員などに出席していただきました。新聞にも取り上げられ、福岡県はもとより教育関係者の高い評価を得ました。アンビシャス広場に付随するアンビシャス塾は、これだけの内容の講座があり、スタッフも大学生のボランティアはじめ素晴らしい体制で運営を始めた、と。国分アンビシャス広場としても「これだけのことをしている広場はないでしょう」と、正直に言って自慢でした。このような素晴らしい講座を開き、この塾で鍛えられた子どもたちがリーダーになり、地域の異年齢の子ども社会をつくり、そこで鍛えられ子どもたちが逞しくなるという構想が着実に進みだしたと思いました。

しかし、子どもたちの問題はそう簡単に解決できるものではないことを思い知らされることになります。

アンビシャス塾の運営の問題点

教育の素人の私が考えた異年齢集団のアンビシャス塾は、多くの人の高い評価を得ました。地域に子ども社会をつくるための試みというより、いい体験をさせていることが高い評価を得たようです。確かに子どもたちにとってはいい経験になったと思います。特に「読み聞かせ」、「海外青年協力隊による体験談」、「山に行っての植物観察」、「三国志のビデオ上映」、「工作」などは、将来役に立つことは確かだろうと思います。しかし、アンビシャス塾の問題も明らかになりました。それを整理すると次のとおりです。

①塾に来ている子は基本的に自分の意思で来ていない。親に行けと言われているから一般の塾と同じで、いい子が親の言うことを聞いていい体験をしているだけであり、学校と似たようなもので

抹茶教室

ある。

②異年齢の子どもたちを集めているが、自主性がないために自分たちで社会をつくる意欲もない。みんなで行動するものの、大人主導でやるだけである。

③高学年と低学年では理解力に差があるために、講座の内容を変えて実施せざるをえず、連帯感が生まれない。

④午前中のアンビシャス塾に行くことが目的であるために、午後にアンビシャス広場に来る子は一部であり、特に学校の成績が優秀な子は広場には全然寄りつかない。

囲碁教室

昔の子ども社会を再生させるアンビシャス広場、そのためのリーダーを養成するために始めたアンビシャス塾。この試みは、みごと失敗でした。失敗の大きな原因は、親が行きなさいと言うのではなく、子ども自身が「行きたい」と思うものでないと意欲がわかないということです。また、勉強を中心にして異年齢を結びつけることは無理だということも、だんだん分かってきました。昔の子ども社会は、勉強ではなく遊びを中心につくられていたことの意味がはっきり分かったのでした。

アンビシャス塾は、多くのスタッフが努力してくれ二年間開きましたが、広場への効果はあまり出ませんでした。結局囲碁教室と抹茶教室は継続することにして、アンビシャス塾は閉鎖しました。広場で遊ばせるだけでは地域の子どもたちの一面からだけしか見えませんので、状況を見るために、この二つの教室は残しました。

二分化している子どもたち

アンビシャス塾による子ども社会の核づくりは失敗に終わりました。原因は前述したとおりで、子どもたちが参加に自主性をもたなかったからです。

地域の活動をして感じたことが、子どもたちの二分化です。一方は、いろんなことに意欲をもっていて学校の成績もよく、様々なことに参加する目立つ子です。もう一方は、新しいことに意欲がもてず、ゲームばかりしていて、親が指示することをいやいやながらしている子です。アンビシャス塾には、両方の子どもたちがいました。意欲をもっている子は、アンビシャス塾でいい体験をして、終わればサーッと帰り、午後からの広場は何の体験もないから行く意欲がわきません。一方、意欲のない子は行く所がないから広場に来ている子です。また、ゲームを買ってもらえない子も広場に来ていました。

地域の子ども社会をつくるためには意欲のある子と意欲のない子を区別しないことが理想ですが、意欲のある子の親は、子ども社会の必要性を感じない傾向が強いようです。意欲をもっていろんなことをしている子の親には地域の異年齢の子ども社会で遊ぶことの重要性が分りにくいのでしょう。外国人が来てお話をしたり、工作をしたり、英会話を教えたりのアンビシャス塾には行きなさいと言うのですが、広場で子ども同士で遊ぶだけの体験の必要性は感じないようです。

意欲があろうがなかろうが、学校の勉強ができようができまいが、異年齢の子ども社会で遊んで、いろんなことを学び体験することは、社会に出るための基礎力をつけるには重要なことです。特に優秀な子どもたちは、勉強だけでなく遊びに熱中し、逞しくなってもらいたいと思います。

社会に出た若者が優秀だけれど逞しさが足りないという話はよく聞きます。私はその原因が子ども社会での経験だと考えているのですが、子どもを教育する多くのシステムがある現代では、異年齢社会で遊ぶなど、そのような回りくどいことはしなくても十分だとみんなが思っています。昔の異年齢の子ども社会づくりは、なかなか理解されないということが漠然と分かってきました。

アンビシャス塾の失敗から、子ども社会づくりは、子どもたちが熱中する遊びを中心に考えた方がいいのでは、と思いはじめました。

子ども社会づくりに再挑戦

子どもの能力を伸ばさないおもちゃ

国分アンビシャス広場のアンビシャス塾は、ほかのアンビシャス広場に対しての競争意識から出たものでもありました。「うちの広場ではこれだけのことをしていますよ、素晴らしいでしょう」という大人の見栄を張った気持ちがあったことは否定できません。

午前中にアンビシャス塾を開いていた二年間、午後の広場では何もしないのではなく、遊びによる試みを行いました。広場は、塾に来ない子を中心に二十人程度は常に集まっていました。子ども社会のつながりは深くなくても、賑わいは子どもたちにとって魅力なのでしょう。子どもたちはいろんなおもちゃを持ってきます。パソコンゲーム機を持ってきて広場の端っこでやる子もいました（広場でのゲームはその後禁止しました）。ほとんどは、買ってもらった新しいおもちゃをみんなに見せびらかすために持ってきます。その中に「ベイブレード」がありました。

ベイブレードはベーゴマを改良したもので、コマのようにひもを巻くのではなく、回す器具があり、それにコマを差し込めばだれでも回すことができます。日本のコマは、ひもを巻くのが面倒で、そして投げて回す方法にもコツがあり、簡単ではありません。しかしベイブレードはひもを巻かなくていいし、引っ張るだけです。だれでも簡単に回せるように開発して大ヒットしていた玩具です。

そのベイブレードを二、三人の子が持ってきて遊んでいました。ベイブレードは強く引っ張る力があるほうが勝ちます。力が同じならば、新しいベイブレードの子の方が強いのは決まったようなものです。ベイブレードで遊んでいる子どもたちに、「お前たちはだれでも引っ張れば回るコマなどおもしろいか」と聞きました。すると、「おもしろい」と言います。次々に強いコマが販売されて、それを買う楽しみがあり、オプションの部品が追加されるところにもおもしろさがあるようです。

私たちが子どものころはコマを回す練習をしましたし、相手のコマよりも強く回すためにひもを工夫し、芯の調整をし、鉄の輪をはめ込むなど、自分で工夫していました。大人はやってくれませんので自分でするしかなかったのです。やり方は、大きい子がすることをよく見て、まねをしていました。これは、子ども社会があったからできたことです。しかし今は子ども社会がないために、自分たちで遊びを工夫すること、そしてその遊びを社会の中で伝承することができなくなっているのです。

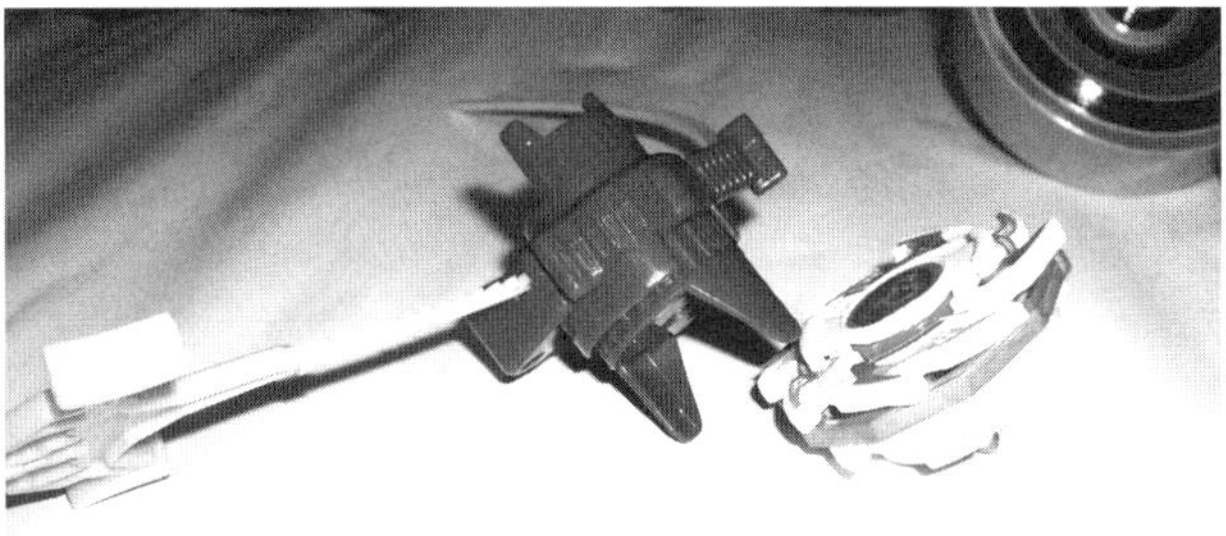

ひもを巻かずに引っ張るだけで回るベイブレード

それに輪をかけて、子どもをターゲットにした商業主義で、子どもが喜ぶもの、そして努力しなくても遊べる玩具を次々に作り出しているのです。パソコンゲームをはじめ、リモコンなど、ほとんどのおもちゃが子どもはあまり手をかけなくて遊べるようになっています。大人が子どもたちのためといって、苦労しなくてもよいようにした結果、子どもたちの遊びをつくり出す能力、みんなで工夫しながら遊ぶ能力が発達しにくい環境になっていると思いました。それが、自分から動きだす能

ベイブレードで遊ぶ子どもたち

力、障害を乗り越える能力など、社会に出て必要とされる基礎的な能力をつくり出せない一因ではないかと考えるようになったのです。

コマを遊びに使ってみた

子どもたちは引っ張るだけのコマでも好きだなのだと分りました。ならばこんなに高いベイブレードを買わなくてもできるよと言って、ゴルフのマーカーを持ってきて洗面器の中で回して見せました。マーカーをひっくり返して遊ぶのです。するとみんな夢中になり、だれが長く回すか競い合うようになりました。ベイブレードは買ってもらった三、四名が遊ぶだけで、地域の子どもたちをつなげることはできません。しかし、ゴルフのマーカーは全員が持つことができ、全部の子どもが対象になるので、それで結びつけることができると考えたのです。

そこで福岡県庁でゴルフの好きな職員に各ゴルフ場のマーカーを持ってきてくれるようお願いをし、色と

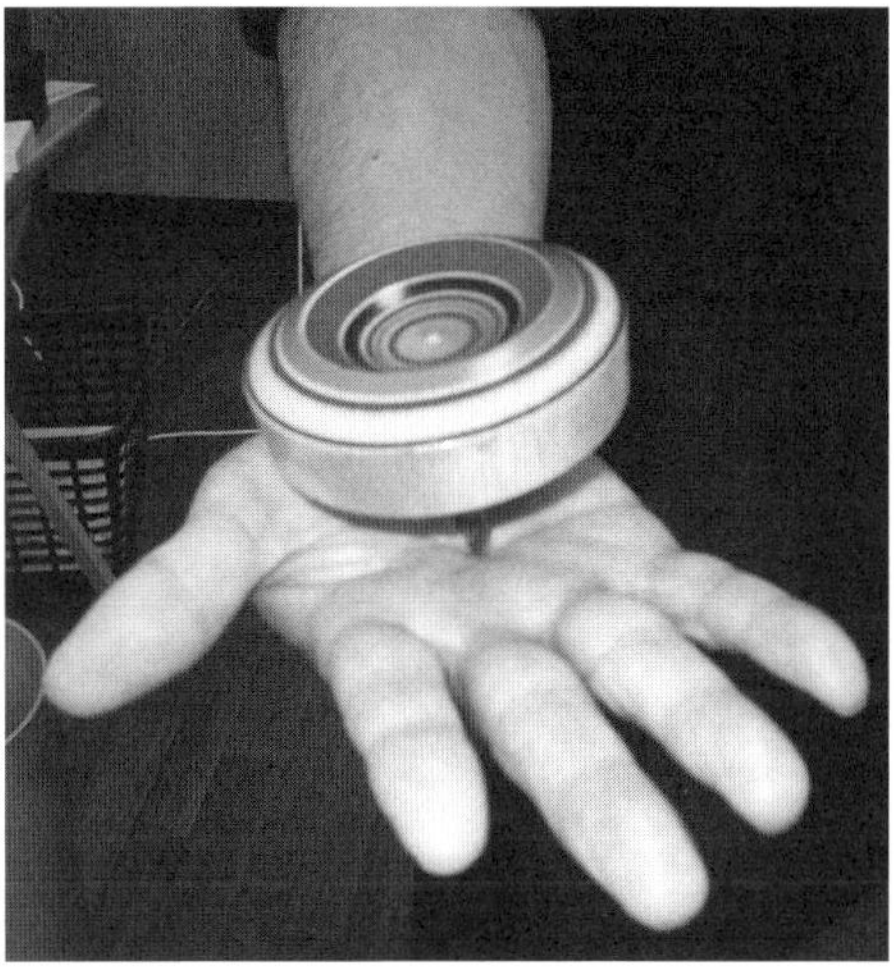

和ゴマ

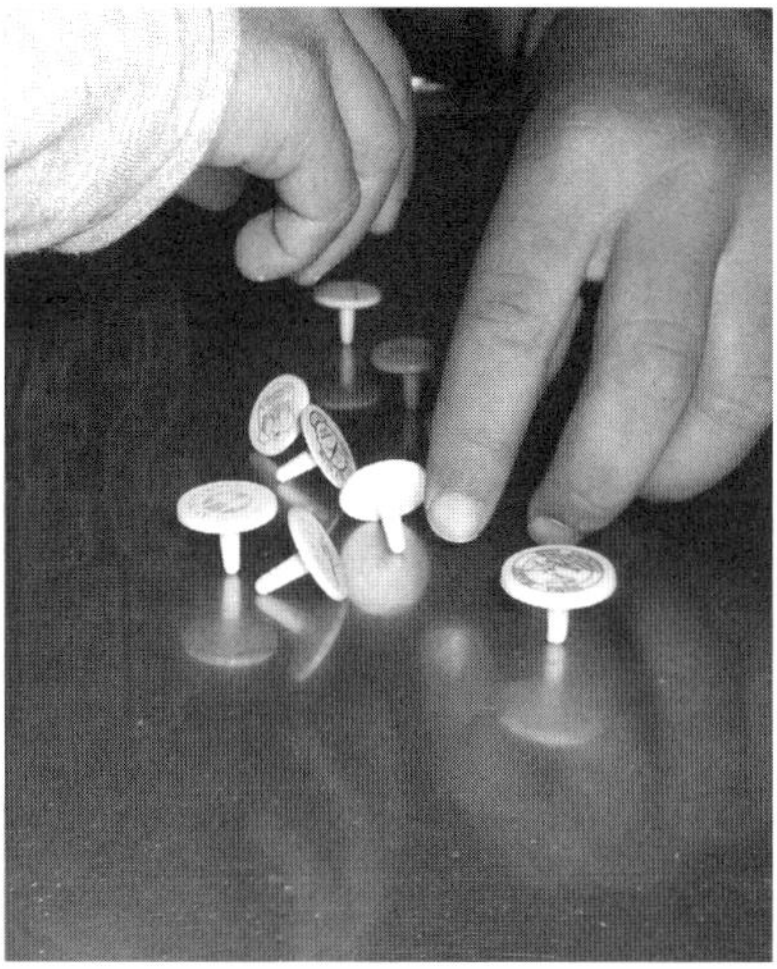

ゴルフのマーカー

りどりのマーカーを集めました。そして広場で大会をしようということになり、大きい子だけでなく小さい子も一緒になって競い合い、大変な盛り上がりになりました。

子どもたちはみんなコマが好きだということがはっきり分かりました。しかし、ゴルフのマーカーは、回す方法が指で回す一種類だけしかないので、技はなく、強く回せるかどうかで勝負は決まります。このように単純なものには、子どもたちはだんだん飽きてきます。

そこで、日本古来の「和ゴマ」を買ってきて子どもたちの前で回して見せました。

ベイブレードを持ってきた子は「おっちゃん、このコマはダサイ」と言っていましたが、子どもたちは新しいものにはみんな挑戦します。ただ、子どもたちはひもも巻けませんし、回せません。簡単にできないので「これはだめだ、ベイーブレードの方がいい」と言い出す子もいました。しかし、そのうちに器用な子が回せるようになり、そうすると、僕も僕もということになります。和ゴマは簡単に回りませんので、努力し

やっと回った感激の一瞬

ます。そして、初めて回った時、なんとも言えない笑顔になります。そうこうするうちに、引きゴマではみんな回せるようになりました。

今度は回ったコマを手にのせて見せました。子どもたちは驚き、挑戦しましたが、これは回すほど簡単ではありません。「手のせ」ができる子は、すぐには現れませんでした。子どもたちは、あれは大人でないとできないのだろうと思ったようですし、和ゴマの技は奥が深いということも分かったようです。また、和ゴマに挑戦した子どもたちは、努力して結果が出た時の喜びの大きさも感じたようです。

ベイブレードは買ってもらった時と新しいベイブレードで相手に勝った時の喜びはあるものの、努力した結果の喜びはありません。和ゴマは、大きい子から小さい子まで大好きで、体力に関係なく努力すれば回せるようになります。そこで和ゴマで子ども社会をつくれないかと思いました。

早速、国分アンビシャス広場で数十個の和ゴマを購入し、子どもたちに与えました。購入した当時はほとんどの子が乗ってきました。しかし、それは一時的なものでした。

イベントをやめ、コマ中心の広場にする

アンビシャス塾の廃止の時に残した囲碁教室と抹茶教室を土曜日の午前中に行うだけで、イベントは一切やめました。理由の一つは自立心を育てることができないこと、二つ目は、その時だけ来る子がいるので子ども社会をつくることができなくなるためです。そして広場では、コマを中心に子ども社会をつくることに専念することにしました。

また、大学生ボランティアの協力も受けないことにしました。大学生のボランティアは広場開設当初よくやってくれました。子どもたちと一緒になって遊んだり、お化け屋敷をつくったりして、子どもたちを喜ばせてくれました。子どもたちはお兄ちゃんが遊んでくれた、いろいろ教えてくれた、楽しかった、また遊びたいと思うでしょう。しかし、これは、大人が遊んでくれただけで、子ども社会をつくるためには役に立っていません。ガキ大将の役割を果たす大学生ならばいいのですが、コマもうまく回せない大学生がやさしく遊んでくれるだけでは、子どもたちだけの社会をつくるのに邪魔になります。

イベントを入れなくなって、しばらくは集まってくる子どもたちが減りました。コマを導入しましたが、コマのおもしろさはすぐには分かりません。引きゴマで回ったら、「僕は回せた」で終わってしまうのです。そうなるとコマはあまり魅力がなくなります。私一人がコマを回し、集まってきたわずかな子どもたちは卓球などボール遊びをやっている時もありました。パソコンゲームは広場に持ってくることは禁止していましたが、ボランティアの目に入らない広場の周辺で数人がゲームで遊んで

いることもありました。努力しなければならないコマは敬遠されます。パソコンゲームに勝つ広場づくりは非常に難しいと思いました。やはり何かイベントを入れないと、多くの子どもたちを集めることはできないのではないかと悩みました。

イベントのない広場、さみしくなった広場

イベントは何もない。大学生のボランティアもいない。屋内に黙って座っているおばさんボランティア三人と、屋外にはコマを回すおじさんボランティア（筆者）がいるだけの広場。やっていることは、おじさんと数名の子どもたちがコマを回しているだけですので、保護者にとっては何の魅力もないでしょう。

あるコマの好きなT君が母親から言われたそうです。「広場では何をしているの。なに、コマ回し。そんな所に行くよりは土曜日の午後は英会話に行きなさい」。そこでT君は「僕は広場に来れなくなった」と言ってさみしそうにしていました。

保護者の皆さんは、子どもにいかに実力をつけさせてやろうかと必死です。ほとんどのお母さんが子どもたちのためにパートなど働きに出ているのが現状です。お母さん方には、異年齢の子ども社会での遊びは社会人になるための基礎的な力をつける、と言っても何のことか分かってもらえません。文部科学省も大人主導の体験事業を重視し、異年齢の子ども社会で遊びの必要性など脇に置いているようですので、理解されないのも仕方ないのかもしれません。ある日、T君が「今日は、英語の塾が休みだったから広場に来れた」と言って、楽しそうに遊んでいました。

数人の子ども子どもたちがコマを回すだけの広場

やはり青少年育成活動は、何かイベントを入れたプログラムを用意しないといけないのか。しかし、大人が準備して行うイベントでは子どもの自立心は育たないし、子ども社会もできない。このジレンマで悩んでいる時に、ある子どもが「僕は家で一分コマを回したよ」と言いました。

その言葉を聞いた瞬間、そうだ時間だ、とひらめきました。コマを回すことに競争を加えることでイベント的になるはずです。そこで子どもたちが回すコマの時間を計るようにしました。そうしたら僕も僕もと次々に挑戦してくるではありませんか。時々記録会をすることで、子どもたちの気持ちをコマにひきつけられるようです。新たな糸口が見つかり、子ども社会づくりへの挑戦が再び始まりました。

最高の協力者との出会い

広場ではコマが遊びのメインになるように仕向けました。子どもたちに興味をもたせるためには競わせることです。だれが一番長く回すかを競いました。それだけで、ただ回すだけよりもずっとおもしろくなります。そして長く回すための工夫も教えました。これは止まりかけたコマをひもでたたいて起こす方法です。この方法は後に「コマ起こし」の競技種目となるのですが、小さい子が大好きな競技です。

私自身は、子どものころ和ゴマで遊んでいましたが、上手な方ではありませんでした。しかし、ガキ大将がいない広場ではガキ大将の役目を果たさなくてはいけません。そのためには子どもたちから尊敬されるぐらいにコマがうまくならなければなりません。自宅で練習しながら私自身もコマの技を磨いていきました。そうやって、子どもたちのコマ人口を増やしていったのです。

ある日、素晴らしい出会いがありました。アンビシャス広場で遊んでいた時に近くを通りかかったおじさんが、「おまえたち、コマはこうして回すんたい」と言って子どものコマをとり、素早くひもを巻いて、投げゴマをやってみせました。子どもたちは「おおー」と驚きの声を上げ、そのおじさんを見つめました。そして、おじさんはかっこよくひもで手にコマをのせて見せました。子どもたちは「すげー」の一言です。子どもたちはそれ以来おじさんを「明野名人」と呼ぶようになりました。このおじさんは水道屋さんの明野昌弘さん、アンビシャス広場を開設する時に囲碁クラブが使っていた集会所を快く開けてくれた方でした。

明野名人（右端）によるコマ指導

明野さんの人柄にはガキ大将の雰囲気があり、明野さんが「なんやそりゃ、こうするんたい」とやって見せることで、子どもたちはメキメキと腕をあげていきました。

そしてある時、四年生だったと思いますが、おとなしい鶴久誠君が子どもでは初めて手のせに成功しました。そうすると、ほかの子どもたちも子どもでもできるんだと思い、挑戦しはじめ、次々にできるようになったのです。

コマの社会ができると、その社会の中では子ども自身が、みんなと同じにできたらいいな、みんなよりうまくなれたらいいなと思い、自分から行動するようになるようです。努力してみんなと同じことができた時の喜びが大きいのです。子どもたちが自分でやりたいと思いはじめると、みるみるうまくなります。和ゴマそのものが自立心がないとうまくならない遊びです。自立心さえ芽生えれば、大人が指導するのは最初だけで、あとは子どもたちが勝手に悩み苦労しながら、うまくなっていくのです。

子どもたちの本性が見えてきた

コマを導入して気づいたのは、子どもたちが真剣になるのは競い合う時であるということです。人がコマを回した。自分も回したいので挑戦した。そうしたら「回った、回った」と私（ガキ大将役）の所に報告に来ます。さらに、人が何分回した、自分も挑戦してそれを何分超えたと、また報告に来ます。要するにその場所の一番強い人に承認を求めるのです。特に男の子は承認してもらいたいとの本性があるのだと分かってきました。

承認を与えることが、ガキ大将の役割の一つなのです。ガキ大将に、どちらが強いかを決めてもらう、また自分もできることを認めてもらう、それで社会が構成されているのだと分かりました。そして、その社会で「競う」ことが、子どもたちの行動原理になっているのです。

遊びには、おままごとのようなの模倣した遊び、鬼ごっこ、ドッジボールのような集団でルール化した遊びなどたくさんあります。子どもたちにとってはそれなりに意味があると思います。しかし、みんなが一つのツールで競争を始めると、つながりができるのです。

みんながコマを回している。自分も回したい。自分も挑戦する。引きゴマで回った。ほかの子は投げゴマで強く回している。自分も挑戦する。ほかの子は長く回している。自分も長く回す努力をする。ほかの子が手にのせた。自分も挑戦する。ほかの子から自分のコマを打たれて吹っ飛んだ。悔しい。自分もコマを打つことを練習する。ほかの子がよく回るコマを持っている。自分もコマがよく回るよ

小さい子から大きい子までがつながりだした

うに難しい芯の調整をする。うまくいくように努力する。このように全部競争なのです。そして、ひとつのことができるようになると、私の所に承認を求めに来ます。

子ども会などは「はい、みんなコマを回しましょう」と言って、コマを回したくない子にまで回させようとしますが、回したくない子は、ほっといていいのです。ただし、回したくないと言っても本当は回したい子も多く、そんな子は自分に自信がないから、恥をかきたくないために回さないだけなのです。

男の子の場合は九九%の子が回したいと思っています。だから、その気にさせてやる必要があります。みんなが遊んでいる場ではなく、陰に隠れて「おっちゃんが教えてやる、すぐに回せるようになるぞ」と声をかけると、乗ってきます。そのような子は、いろんなことを大人にしてもらっていることが多く、自立心が弱い子がほとんどです。しかし、そのような子でも少しだけ教えると回せ

回るコマをひもでたたいて長く回す競技「コマ起こし」

るようになり、回せるようになると、みんなの中に入っていきます。

競うことが遊びの重要なポイントだということから、回るコマをひもでたたいて長く回す競技「コマ起こし」をつくりました。そうしたら小さい子が大好きな競技になり「自分が挑戦するから時間を計ってくれ」との要望がたくさん出てきました。自宅に帰って練習する子も増えてきました。上達した子は手にのせてどれだけ回せるかを競う「手のせ」の競技もつくりました。ここにも競争を取り入れたのです

アンビシャス広場の目的は、「地域に子どもたちの居場所を設け子どもたちの異年齢社会をつくる」ことだと思っていました。しかし、やり方が分からないために「男の子も女の子もみんな一緒に仲良く体験をさせ、遊ばせてあげる」ものだとの考えでやってきました。けれども、この考えは根本的に間違っていたようです。

みんな一緒ではだめなのです。好きでもない子にさせることは、訓練ならまだしも、遊びとは言えないでしょう。「みんな一緒にやりましょう」、「大きい子は小さい子の面倒を見るんですよ」、「みん

なできましたね」、「はい、楽しかったですね」と言って大人がやらせる方法は、本当の遊びではないと思います。「できる子はできない子に教えてあげなさい」と言って上級生に指導させる、これも問題です。コマはおもしろいですから、上級生といえども自分がうまくなりたいし、遊びたいのです。特にコマは奥が深いために、小さい子の面倒など見るなど、それこそ面倒くさいことです。

昔の子ども社会では、大きい子が教えることもありましたが、ほとんどは小さい子が大きい子のやるのを見て真似ていたのです。ただ、「競う」という行動原理をうまく利用すれば、上手な子が小さい子を自主的に指導するようにもなります。けんかゴマの団体戦（これについては後で詳しく説明します）をする場合には、うまい子と初心者が同じチームになります。その時は、自分のチームを勝たせるために初心者を自主的に指導するようになります。「競う」という行動原理の中で行動すると、大人が指導しなくても子どもたちは自分から進んで行動するのです。

初心者を指導

また、コマにはたくさんの種類がありますが、いろんな種類のコマを遊びの中に入れるのもだめです。僕はこのコマが得意、僕は別のコマが得意では、競うことになりません。一種類のコマを遊びのツールに使わないと「競う」ことにならないので、子どもたちにとっての遊びの魅力も半減してしまいます。

コマをメジャーに

大きい子と小さい子が一緒になって真剣に遊ぶツールとして、コマが使えることが、はっきりしました。しかし、コマはコマでしかありません。子どもたちにとっても、コマがうまくなっても広場で認められるだけであって、ほかの人は何とも思ってくれないのです。これでは地域の子ども社会づくりの強力なツールにすることはできません。

福岡県和ごま競技普及協会設立総会

そこでコマをメジャーにする方法はないかと考えました。思いついたのが、「コマの甲子園」をつくれないかということです。地の利を生かして太宰府天満宮でコマの大会を開くことができれば、少しはメジャーになるのではないかと思いましたが、ただ、国分アンビシャス広場が主催して太宰府天満宮での大会をすることはできません。そこで知人を集めて「福岡県和ごま競技普及協会」をつくることにしました。

二〇〇三年一月十五日、地元からは広場の会長を引き受けてくれた門田直樹さんはじめ、三共ホームの森永雅仁さん、太宰府電工の中野忠幸さん、太宰府市役所の木原裕和さん、県庁勤務時の仲間などに集まってもらい、設立総会を開き「福岡県和ごま競技普及協会」の発会式を行いました。

太宰府天満宮にお願いに行く前に、国分アンビシャス広場でプレ大会を開いてみることにしました。三月十五日、アンビシャス広場対抗和ゴマ競技大会を開催したところ、久留米市、那珂川町、筑紫野市、小郡市の広場から約六十人が集まってくれ、ルールはまだ不完全だったものの、四種目を行い、それなりに盛り上がりました。この様子をＮＨＫテレビと新聞二社が報道してくれ、これなら天満宮で大会を開いても大丈夫だと確信しました。

そして太宰府天満宮にお願いに行き、天満宮の幹部である馬場宣彦禰宜、森五郎禰宜に会っていただきました。さすがに天下の太宰府天満宮、青少年アンビシャス運動をよくご存じで、その一貫としてのコマ大会には協力すると言っていただけ、最初に担当になってくれた真木智也権禰宜をはじめ、多くの神官の方が和ごま競技普及協会のよき協力者になってくださいました。

そして二〇〇三年十二月十三日、第一回の「太宰府天満宮和ごま競技大会」を開くことになったのです。

第一回太宰府天満宮和ごま競技大会

太宰府天満宮は、菅原道真公のお墓の上に建てられた、年間の参拝者が七百万人を超える有名な神

第一回太宰府天満宮和ごま競技大会

社です。神職の皆さん方の子どもたちに対する思いやりが徹底していて、太宰府天満宮杯を用意していただくなど、よくお世話をしてくださいました。参加者も百二十八名と、福岡県内各地のアンビシャス広場から思いのほか集まってくれました。賞品を魅力的なものにする必要がありましたので、考えた末、ソフトバンクホークス球団に協力してもらい、選手のサインボールを賞品にしました。これは福岡県庁でホークスを応援する会をつくったことからの付き合いで、無理にお願いし実現したのでした。

競技種目は四種目です。

①コマ起こし（コマをひもでたたいて時間を競う競技）

②手のせ（手の上でコマの回る時間を競う競技）

③けんかゴマ個人（二人が交互にコマを投げ合ってコマを長く回す競技、コマ起こしの上位三十二名によるトーナメント）

④けんかゴマ団体（三人一組でコマを交互に投げ合ってコマを長く回す競技）

太宰府天満宮の巫女さんと一緒にコマを回す

以上の簡単な大会ですが、参加した子どもたちは大きい子も小さい子も目を輝かせて真剣勝負でした。私自身これほどまでにみんなが本気でやるのかと驚くほどでしたし、関係者やマスコミも、コマってこんなにすごいんだと思ったようです。

コマはあまりやる気がないものの、賞品欲しさに参加した子もいたようです。運動神経がよい子がその日だけ賞品目当てにいくら頑張っても、コマだけはコツコツ練習している子にはかなわないものです。けんかゴマ個人の初代チャンピオンになったのは、コツコツやってきた植田匠君でした。子どもたちはコマも捨てたものではないと思ったようです。大きかったのはテレビ五社、新聞四社が報道してくれたことです。これでコマの甲子園である「太宰府天満宮和ごま競技大会」をつくることができました。この大会は毎年十二月の恒例となり、これまでに十回開いています。

第一回の大会での記録は、「コマ起こし」が七分十四秒、「手のせ」が四十三秒でした。現在では、これを大幅に超えるまでになっています。子ども自身がや

13

4

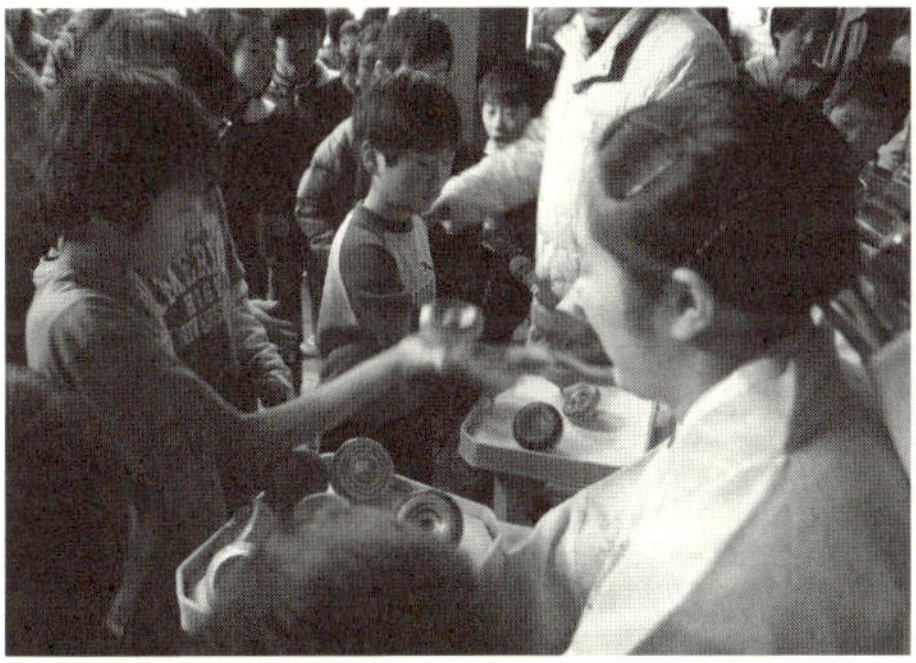

子どもたちを指導する著者

る気を出せば、ものすごい能力を発揮するものだと驚きます。

子ども社会ができたと思ったが

第一回太宰府天満宮和ごま競技大会を開催し、コマ回しをメジャーにすることに少しは成果を見ました。

国分アンビシャス広場は毎週土曜日の午後に開き、子どもたちは自由にいろんな遊びをしますが、その中にできるだけコマを入れるようにしました。その結果、コマをやる子が増えて、ほとんどの子が回せるようになりました。

普及に拍車をかけたのは広場で用意したコマでなく、自分のコマ（マイゴマ）を持つ子が増えたことです。そこでコマをつくる隈本木工所（福岡県八女市）にお願いして、和ごま競技普及協会でコマをできるだけ安く販売できるようにしていただきました。自分のコマを持つと相手のコマより

なかなかできない子ども社会

もよく回るようにしたいと思うものです。芯の調整は非常に難しいのですが、驚くことに大人でも難しい調整を二、三年生ぐらいになると挑戦するようになり、それをまねて低学年、幼稚園児が金槌を持つようになります。

コマを回す子どもたちの中に入りたいけれど、回せないために自分はだめだからコマはしないという子もいましたが、できるだけあと押しをして、コマをする子どもたちの中に入れるようにしました。

これで大きい子と小さい子が一緒に遊ぶ子ども社会はできたのかなと思いました。外見的には小学校高学年から幼稚園児までコマで打ち合いをして遊んでいますから、子ども社会のようです。しかし、私たちの子どものころとどこか違うような気がしました。そして、その違いは、全部ボランティアの私の承認をとってやっていることだと気づきました。「おっちゃんけんかゴマやろう」「おっちゃん何々君がどうした」など、私の指示を待っているのです。要するにガキ大将がいないのです。

ガキ大将不在の原因は、私たち大人がボランティアと称してガキ大将の役目を果たしているからです。私と明野名人が広場にいる限り、子どもたちにはガキ大将は必要ないのです。

もうひとつ、コマをやる高学年におとなしい子が多かったことも原因だと思いました。野球、サッカーなどが得意な子は、その世界に居場所がありますから、広場にはほとんど来ていません（数年後には、サッカーも得意でコマも得意な子が増えましたが、当時はほとんどいませんでした）。コマに熱中する子は、どちらかといえば地味で、口数が少なくて目立たない子が多い傾向があります。そのような子は、コツコツとコマを練習してうまくなりますが、ガキ大将の役割を求めることは性格からして向いていません。そうなると、必然的にその場のリードは大人に頼ることになります。

子どもたちはほうっておいたら集まらないし、リードしないとみんなでコマもやれないのかと思いました。これでは、地域の子ども社会を再生するといった当初の目標は実現できません。せっかくコマというツールを発見しながら、結局は子ども会が行うドッチボールなどと同じで、大人が主導する状態しかつくれないのかと思いました。

「おっちゃん○○して」という大人に頼る状態から抜け出るにはどうしたらよいか思案しました。子どものガキ大将ができればいいのですが、簡単ではありません。学級委員のようにお前は今日からガキ大将だと指名しても意味がありません。それは、アンビシャス塾で無理して子ども社会づくりに挑戦して失敗したのでよく分かります。子どもたちの本性を利用してうまくガキ大将をつくる方法はないか、と頭を悩ます日々が続きました。

ガキ大将を育てる

ちびっこ指導員の認定試験制度をつくる

ガキ大将をつくるにはどうしたらよいか。いろいろと考えてコマの指導員の認定試験を行うことにしました。アンビシャス塾での失敗から、子ども社会のリーダー（ガキ大将）は強制的につくるのでは意味がない、あくまでも本人の自発的な意思で挑戦するようにしないといけないと思っていました。子ども会などでリーダーをつくるために、高学年の子を対象に研修会などを行っています。しかし、上級生はみんなリーダーになるための研修を受けなさいでは、「ガキ大将」はできないと思いましたので、自分の意思で試験に挑戦するように仕向けました。

名称は「和ごまちびっこ指導員」です。指導者にはA級とB級をつくりました。まずB級を受験させ、B級指導員の中で指導の実績と技術の向上に努力した者にA級の資格を与える方法をとりました（その後、少し障害がある子も所属する団体内の初心者を指導できるC級をつくりました）。

B級の認定は難しいものにしました。コマの指導方法、安全な遊び方を聞く面接と、実技試験です。特に実技試験は、簡単なコマの技術では受からないような、しかし、努力すればできそうな内容とし、子どもたちに受験マニュアルを発表しました。すると、コマのうまい子数名が努力すれば自分は受かるのではと、猛練習を始めました。そうすると自分も自分もと競いながら猛練習をして、かなり難しい技をこなすようになりました。

二〇〇六年六月、第一回のちびっこ指導員の認定試験を行いました。面接では、指導方法と遊ぶ時の安全性について理解して説明できるかを見ます。実技は、コマの投げ方（三種類）がきちんとできるか、コマ起こしが一分以上、手のせが三十秒以上、手のせとコマ起こしの連続技などで、直前の練習だけでは到底習得できるものではありません。受験者八名のうち国分アンビシャス広場から七名、一名は他地区から受験に来ました。この他地区から来た子はあまりの難しさに合格できませんでしたが、国分アンビシャス広場の子は、七名全員が合格しました。国分の子どもたちは全員自分の意思で受験した者ばかりでした。

和ごまちびっこ指導員の指導方法・安全の面接試験

実技試験

和ごまちびっこ指導員に7名が合格

各地で活躍する和ごまちびっこ指導員

今までは単なる遊びだったのが、子どもたちの中で特別の評価を得た異質なグループができました。初代のちびっこ指導員はおとなしい子がほとんどだったために、すぐにガキ大将誕生とはいきませんでしたが、認定試験という初めての経験は、子どもたちの意識を変えるインパクトがあったようです。校区内に配っている「アンビシャス広場だより」というA４一枚の簡単な広報紙で紹介されたことから、その後続々と指導員の認定試験を受ける子が出てきました。太宰府市以外からも受験する子が出て、二〇一三年現在、六十四名の合格者が出ています。

「ちびっこ指導員」が誕生すると、各地から声がかかり、ちびっこ指導員が指導に出かけます。昔遊びはほとんどの所が大人が指導していますので、子どもが指導することが珍しく、指導依頼が多かったのでしょう。大人が子どもたちに教えることが常態化した中で、新鮮に映ったようです。しかし、私たちの子どものころは遊びの中には大人は出てきませんでした。本来、遊びは子どもが子どもに伝えるものです。その姿が珍しく映る社会が問題なのです。

子ども会、子ども祭、外国の子どもたちとの親善事業、そして老人ホームからも要請がありました。ちびっこ指導員たちも指導することで自信をつけていったようです。

数年後には、ちびっこ指導員たちも中学生になり、新しい子が指導員になって入れ替わっていきます。そうすると、ちびっこ指導員の中にもサッカーが得意な子など元気な子が増えてきて、ガキ大将の役割を果たすようになりました。

指導員を中心にコマのおもしろさを追求

ちびっこ指導員の認定試験に合格した子どもたちは、どちらかといえばおとなしい子どもたちでしたが、自分はほかの子どもたちと違うんだという意識が生まれたようでした。ちびっこ指導員たちは、コマのおもしろさを追求する中で、難しい技に真っ先に取り組み、技術を磨いていきました。コマのおもしろさを追求する方法として、いろんな取り組みをしました。そのいくつかの例をあげてみます。

①時間を競わせる

コマの記録会を月に一回は開くようにし、時間による競争をするようにしました。

子どもたちは、大人の私たちから見ると別におもしろくもないような「コマ起こし」、つまり、回

黙々とコマ起こしの練習

るコマをひもでたたいて長く回すだけの単純な競技が大好きです。これは、まず下半身を安定させることが必要ですし、ひもでたたく位置を変えないように集中しなければなりませんので、大人でも一分間回すのは大変です。時々、記録会と称してコマ起こしの時間を測定するだけで、子どもたちは夢中になります。

　イベントをしないと言っていながら、これもイベントかなと思いながら、子ども社会を再生するまではやむをえないと続けました。子どもたちは上級生から幼稚園まで少しでも回し続けようと夢中でたたいていました。指導員の資格をもった子どもたちも、指導員でない子どもたちに負けられないと頑張りますので、全体が盛り上がります。家の畳の上で練習するために畳に傷をつけ怒られた子もいました。子どもたちは少しでも長く回そうと必死で練習しました。

「手のせ」も時間を計り競わせました。回るコマを手にのせることは難しいので、これは上級生が主でしたが、少しでも長く回そうと努力する子が出てきました（今では幼稚園生でも熱心な子は手のせができるようになりました）。

普通のコマは、手の上にのせて十秒から二十秒で止まります。バランスのいいコマの芯をキチンと調整すれば一分以上は回ります。このことが分かってきた子はバランスのいいコマ（年輪が均一に成長した木でつくったコマ）を欲しがります。お小遣いをためていいコマを求めるので、十個以上コマを持っている子もたくさんいます。

少しでも長く手のせができるよう努力する

しかし、いくらいいコマでも二分を超える記録は出るはずがないと大人は思っていました。ところが、二、三年後には手のせで一分を超え、次の太宰府天満宮和ごま競技大会で二分を超える子が出ました。大人には考えられないことでした。

②コマ打ち

パソコンゲームに勝つために始めたトレーニングの方法で、野球のボールを投げるのと同じように大きく振りかぶってコマを投げ、相手のコマを豪快に打って止めるというものです。明野名人にお願いし、繰り返しコマを回してもらいました。これは、子どもたちにとって、特に男の子とって、戦う、相手のコマを破壊するという、本性をくすぐる遊びです。やっと回せるようになった子がコ

コマを打つ

マを打ちたがります。

この技は、けんかゴマで戦う時に一番強力な武器になります。大きく振りかぶって投げおろし、回っているコマを吹っ飛ばすことができれば、パソコンゲームよりも豪快で、現実的で、楽しい遊びになるのです。

③コマ割り

さらに、ひびが入ったコマがあれば子どもたちから買い上げて、そのコマを打ち、割る遊びを始めました。コマの芯が強く当たればコマがパチンと割れますので、コマ打ちよりスカッとします。これは非常にテクニックが必要ですので、割ることができるのはほとんどが指導員ですが、小さい子も必死でやります。ただ、ひびの入ったコマが出た時しかできませんので、常時使えない方法です。

④けんかゴマの団体戦

コマが割れた瞬間

団体戦は、太宰府天満宮和ごま競技大会の競技で、三人一組で順番に投げて相手のコマを打ち、最後まで回った組の勝ちになるというものです。この競技は私が考えたのですが、集まった人数が三で割り切れるとは限りませんし、三人のチームをつくるのが面倒ですから、子どもたちには不人気でした。

しかし、コマが大好きな子が勝手に四名のチームと五名のチームの団体戦を始めました。一名不足するチームは一人が二回投げればいいことにするとか、子どもたちは状況に応じてルールを決めて遊びます。私は、自分の頭の固さを感じました。大人は、一度ルールを決めるとそれを定着しようとしますが、別に遊ぶ時にはその時その時ルールを決めればいいことです。子ども自らが考えだすとおもしろくなるのが分りはじめました。

この団体戦を土曜日の広場で毎回行うようにしました。ちびっこ指導員がリーダーにな

チーム団結

り、四チームをつくり対決します。小さい子、コマ回しがやっとできる子から順番に戦い、自分のチームのコマが止まったら次の子が回し、また止まったら次の子が回すと続けます。そして最後の大将のコマが回っている方が勝ちというゲームです。大きい子から小さい子までみんなが盛り上がり、おもしろいゲームになりました。ちびっこ指導員は責任感からこの団体戦のリーダーになり、ゲームをまとめます。大人は何もしなくても自分たちだけでできるようになりました。

この団体戦で子ども社会を再生するのに一歩近づいたことを実感しました。団体戦は恒例になり、幼稚園から一、二年の子が「今日は団体戦やらんと（しないの）？」といって広場に集まってくるようになりました。団体戦に参加したいためにサッカーの試合場から駆けつける子、ピアノの練習か

けんかゴマの団体戦

チームのため必死でコマをたたく（上）
リーダーは相手のコマを１発で飛ばす（右２枚）
高度な空中戦で決着（下）

ら走ってくる子などもいます。

このような取り組みが可能になったのも、ちびっこ指導員という核ができ、全体を引っ張ることができたからです。

子ども社会が見えてきた

にぎわいを取り戻した広場

ちびっこ指導員制度をつくりコマの技術が向上した結果、子どもたちの間にコマのおもしろさが広がり、コマをやろうと言わなくても自分からコマを回す子が増えてきました。特に三年生から幼稚園までの子どもたちが、自分たちでコマを撃ち合いはじめました。

広場では「どいて」の掛け声が響きます。子どもたちは、「どいて」の掛け声をかけて相手のコマを打ちます。「どいて」は「打ちますよ」の合図ですから、避けないとコマが飛んできます。木製のコマですが芯は鉄ですから、当たれば痛いし、怪我をする場合もあるのです。

コマの打ち合いをする子どもたちは、大きい子との団体戦をやりたいのですが、低学年が主導して団体戦を行うだけのリーダーがいません。そこで私のところに「今日は団体戦をやらんと?」と言ってくるようになりましたが、「お兄ちゃんたちに団体戦やろうと言いなさい」と言って、できるだけ大人が関わらないようにしました。しばらくは五、六年の「ちびっこ指導員」に対して「団体戦やってやらんか（やってやりなさい）」と助言してやらせることが続きましたが、そのうちに子どもだけで始めるようになりました。

団体戦は、五、六年のちびっこ指導員がリーダーになり、四十名近くが一緒に遊びます。この団体戦が広場の恒例になり、小さい子はそれを目当てに広場に来ます。団体戦を中心に子ども社会が出来上がっていきました。

広場での団体戦

実力主義の子ども社会

子ども社会の復活に手ごたえを感じてきました。毎週土曜日の午後一時三十分から広場を開きますが、コマが好きな子は一時前から集まってきます。はじめは三年生以下の子が多く、上級生は団体戦が始まるころにやってきます。けんかゴマの団体戦は、多い時は四チーム、少ない時には二チームで行います。

やり方は、まず、上級生のちびっこ指導員の中から今日はだれがチームのリーダーになるかを子どもたちが決め、それからドラフトが始まります。各チームのリーダーがジャンケンをし、勝った方がコマのうまい子から自分のチームにとるのです。次々にジャンケンをして自分のチームをつくっていきます。チームが勝つためには、仲良しの子でもコマがうまくなければ選ぶわけにはいきません。上級生、下級生、幼稚園

ドラフト会議

生など関係ありません。コマがうまいかどうかの社会なのです。

選ばれる子どもたちは、あの強いリーダーにスカウトされたいなと思って指名を待ちます。次々と選ばれていく中で自分がなかなか選ばれない、厳しい現実です。最後に残った子も順番にどこかのチームが引き受けます。低学年の子どもたちはリーダーから早く指名されたいのですが、みんなコマがうまくなったので回せるだけでは早い指名はありません。大人の私に認められてもなんの意味もなく、上級生の指導員に認められないと早い指名はありません。やっと子ども社会ができたと実感しました。

そして団体戦が始まります。はじめに初心者が投げて回し、止まったら次の子が投げて回します。次々に回していき、最後はリーダーが戦います。ほとんどの対戦がリーダー対決になりますので、実力的には均衡がとれた

団体戦４チームのできあがり

チームができているわけです。

これは、リーダーが子どもたちの実力を把握していないとできないことです。団体戦は何人抜いたか、相手のコマを飛ばしたかなど、コマ回しの実力を示す場になっていて、実力を示すことができると、次回からは早く指名されるようになります。小さい子どもたちは、早く自分もちびっこ指導員になり、リーダーになって、チームづくりをやりたいなと思っています。

家庭の事情、家族構成、本人の問題などで元気のない子もいます。そのような子は広場には来ますが、小さい子と遊ぶか、同級生とボールを蹴るだけの遊びなどをしています。そのような子でも広場に来るだけでも条件はいいのです。そんな子でも、コマを回せるようになり団体戦に入ることで、逞しくなります。自分もコマの社会の一員になれたと思い自信がつくのでしょう、みるみる変わってい

団体戦の結果を対戦表に記入する

きます。今は可愛げがなく、知識だけが先行している子どもが多いようですが、コマに熱中しだすと、子どもらしい子ども、昔の子どものようになります。

ただ、広場に来る子はいいのですが、広場に来ない子、広場の近くまで来て周辺でゲームをしている子はどうしようもありません。そこは、保護者がちょっと後押しすれば変わるのですが。

自立心が引きだす驚くべき能力

広場に安定して子どもたちが集まりだしました。それも親が行きなさいと言っているわけではなく、子ども自身で来ているのです。子ども自身で判断して広場に来て、遊びも自分で決める。そこが重要だと思います。親から「広場に行きなさい、みんなとコマを回しなさい」と言われて来ても、楽しいのは楽しいですが、そのような子は遊びに発展性がありません。

　コマは、私と明野名人が「このようにしたらよい」と指導して子どもたちが覚えていきましたが、その後、子ども社会ができると、自然と遊びは発展していくことが分かりました。

　子どもたちが好きになると驚かされることが起こります。コマで戦う時に勢いが衰えたコマをひもでたたいて勢いをつける「コマ起こし」の競技は、最初二、三分でしたが、ある子が七分出したとなると、違う子が十分となり、そのうち二時間回す子が何人も出るようになりました。長時間回すには下半身の力と集中力を切らさないことが必要ですが、自分で進んで始めると、子どもたちはあっという間に身につけます。

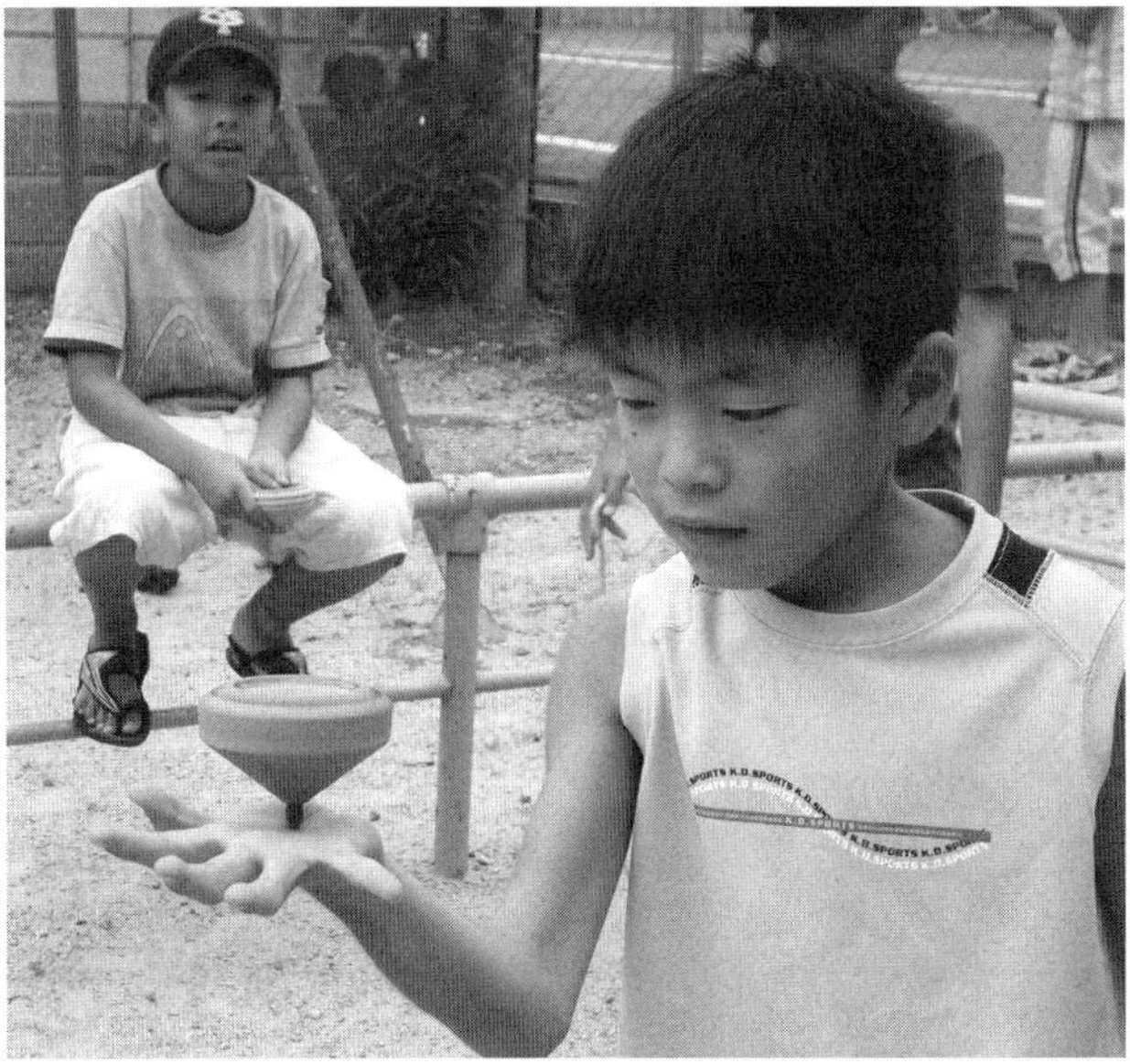

努力して努力して３時間の大記録

　次に手の上で回す時間を競う「手のせ」ですが、私たち大人はいいコマでも二分と言っていました。ところが、広場の子ではないのですが、太宰府天満宮和ごま競技大会で二分を突破した子が出ました。そうすると子どもたちはどうしたらいいのか必死で研究するのです。その結果、手の上で回っているコマに力を与える方法を発見した子が何人も出ました。コマは回っていますので、芯の先で手と

先輩がつくった３時間の「手のせ」記録に挑戦する子どもたち（手の滑りをよくするために砂をかけながら回す）

触れあっているにすぎませんが、その芯の先から力を与える方法を子ども自身が発見したのです。それは、微妙な手の動きが必要で、だれにでもできるものではありません。

さらに長く回す時に手のひらから汗が出ます。そうすると、手のひらとコマの芯の間の感覚がおかしくなり、長く回せなくなります。そこで考え出したのが、手のひらに砂をかける方法です。砂をつけると手のひらがさらさらになり、コマの芯（鉄）の具合がいいそうです。そのような工夫をして長時間回すのに挑戦を続けました。そして、ついにその時間は三時間を超えました。三時間を超えた子は植田悠君といい、現在中学生ですが、大変な努力家で根性もあり、優秀な子です。

子どもたちが能力を発揮するもう一つの事例が、コマの芯の調整です。和ゴマは本体が木製で、芯は鉄でできています。コマで激しく戦ううちに芯が歪んできます。そのままでは長く回すことができなくなり、けんかゴマの相手より先に止まってしまいます。なので芯をまっすぐに直す必要があるのです。

これは非常に難しい作業で、最初のころは私がしていました。しかし、コマの人口が増えだすと、面倒を見れなくなります。そうすると子どもたちは自分で金槌とヤスリを持って調整を始めました。

最初は、金槌の持ち方も危なっかしかったのですが、すぐにうまくなり、みんなが始めました。そして、芯の穴を割りばしで埋めて新たな穴をつくるという難しい作業までできるようになりました。今では子どもたちの間で金槌とヤスリは取り合いになるほどです。子どもたちのお父さんのほとんどは芯が打てませんので、お父さん用に買ったコマの芯の調整を子どもがしてあげる姿が見られます。

どうしてよく回らないのか原因究明中

また、子どもたちはコマに個性があることを発見しました。コマは一本の樫の木の年輪を中心にして削ってつくられています。しかし、木には節もありますし、南北の成長に差があり年輪は必ずしも均一ではありません。当然、全体が均一な木でできたコマがよく回ります。それが分かると、いいコマを求めてコマを集めます。好きな子はお小遣いをためてコマを買い、自分の気に入ったコマを手に入れます。

和ゴマは子どもたちにいろんなことを教えてくれているようです。

むずかしい芯の調整を始める

幼稚園児もまねして芯の調整

広場の意義を理解する親、しない親

広場には安定的に子どもたちが集まっています。卓球を練習したい子がいれば教えますというボランティアの方の協力もあり、少ないですが卓球だけをする子も来るようになりました。しかし、やはりコマがメインの遊びになっており、特に三年生以下の小さい子は土曜日を楽しみにして、早くからコマを持って広場に来ています。区外から車で送ってもらって広場に来る子もいます。

広場では、十二年前の開設当初から毎月一回、「広場だより」を発行し、学校で配ってもらっています。「たより」では、遊びの大切さ、社会に出るために必要な能力について保護者向けにメッセージを送っています。そのようなことから広場について理解してくれる親が増えてきました。異年齢で遊ぶことの意義や自立心を身につけることについて、少しずつ分かってもらえたようです。親が理解すると広場に行くことを応援するようになりますので、子どもたちは広場に夢中になります。

広場を始めて、いろんな子がいること、そしていろんな親がいることが分かりました。子どもにはかなり個人差があり、みんなを一緒に同じ方向にもっていくことには問題があります。学校の基本的な学力向上は別にして、遊びやスポーツなどは個人差を認めないといけません。

広場に来ている幼稚園の男の子の父親は、同級生がコマをうまく回すのに自分の子がコマ回しはせずに小さい子とばかり遊んでいるのを見て、「コマを回してごらん」と無理に回させようとしていました。私は、個人差があるから待ちなさいと言って見守るようにアドバイスしたのですが、その子は小学生になって自分の意思でコマを回すようになり、コツコツと努力を始め、コマでつくる子ども社会の中に入りました。決してうまくはないのですが、子ども社会の一員として自分の位置を確保しています。自分の意思で踏み出したこと、実力差があることを認識して努力を始めたことが大事なのです。

大人は、子どもが自分の意思でやり始めるのを待つことも必要であることを認識すべきです。親が「挑戦しなさい」と言い、子どもは素直に挑戦し、それなりに達成できる子も多くいますので、だれでもそのようにやればできるんだと決めつけてしまいがちです。しかし、そうはいかない子もいるのです。そこを見分けることが大切ですが、それは非常に難しく、他人の方が客観的にできるようです。見分けるためには自由に遊ばせて、自分でいろんなことを発見し、挑戦し、努力することのできる場を設けてやることが必要です。

父親の転勤で転校してきて、地域になじめず、学校ではいじめを受け、不登校になりかけたという子どもがいました。父親がアンビシャス広場に連れてきて、コマを回すようになり地域に溶け込んだと言っておられます。その子は、ちびっこ指導員になり、それもB級からA級になり、広場の団体戦ではリーダーを務め大活躍するようになりました。親が気づきそれにふさわしい場を設けてやることで、子どもたちは大きく変わることが多いようです。

広場には、常に新しい子が顔を出します。多くは、広場に来ている子が誘って連れてくる友達、広場を体験して変わった子どもの親から勧められた親に連れてこられる子です。親が連れてくる子は自分の意思で来ていませんので、自立心を身につけていない子が多く、自分から遊ぶことが苦手です。それに、その子の親が過干渉の場合は「はい、コマを教えてもらいなさい」「そうじゃないでしょう、こうでしょう」といろいろと指示します。そのような子は、自分の意思で動くのではないので、広場

初めて団体戦に参加した幼稚園児

になじみませんし、遊んでもらうのを期待しているので、遊んでもらえないと広場がおもしろくありません。そんな場合は、広場でその子が自ら何らかの遊びを見つけ出すのを待ちます。多くの子がコマを回していますので、その子も必然的にコマに挑戦するようになります。そして、その子が自分の意志でコマに挑戦し回せるようになれば、自然に子どもの社会に入ります。すると、その子自身が自分で広場に行きたいと思うようになり、あとは自分で遊び、よりおもしろく遊ぶために自分で工夫することになります。そしていろんな子どもとふれあい、多くのことを学ぶわけです。

土曜日はお父さんが休みだから家族みんなで遊びに行こうという家庭がありますが、子どもが広場になじみ始めた時には、アンビシャス広場に行きたいという子も多いようです。その時に、広場は来週もあるから今日はみんなで遊びに行こう、と子どもの意思に反して行動される家庭が多いようです。家族みんなで仲良く行動することは素晴らしいことです。しかし、中には僕は絶対に広場に行くと言ってきかない子もいます。広場に夢中なのです。ある親が、「親がやきもちを焼きたくなるほどアンビシャス広場が好きなんですよ」と言っていました。子どもが親から独立して子ども社会で遊びたいと思う時に、それを理解して応援するか、家族優先にするか、これは子どもが自立しようとしている重要な時期であることを認識したうえで判断する必要があると思います。

広場でコマの団体戦をしている最中に、「買い物に行くよ」と迎えにこられる親がいます。家庭の事情でやむをえないこともあると思いますが、子どもがチームの一員としてみんなで遊んでいる時に「また来週来て遊びなさい」と簡単に割りきってしまっていいのか、少し考える必要があるでしょう。子どもは親に対して素直ですので、ついていかざるをえないと思っていますが、子ども社会のチームの一員として役割を果たそうとしている時期、子どもが大きく自立心を伸ばそうとしている時期であることを考えると、慎重な判断が必要だと思います。

一、二回来て子どもがおもしろくないようだと、親は行くことを勧めません。ほとんどの親は、子どもに学力をつけてやりたい、いい学校にやりたい、スポーツを通して逞しくしてやりたいと思っています。「コマ回し」そんなの二の次、という親がほとんどです。子どもたちはゲームを持っているから一人でも遊ぶことができるのです。

私は、県庁、民間あわせて四十五年働いてきました。そこで、いろんな職員・社員を見てきました。仕事ができるのは、自立心、創造性、社会性など人間としての基礎的な能力を備えた人です。大学を出ていても社会人としての基礎力がないために実力が発揮できない人や、立派な大学を卒業していることが邪魔をしているケースもありました。職場で評価されるのは、基本的な能力を身につけた人です。だから子どもたちも精いっぱい遊ぶ中で基本的な能力を身につけてもらいたいと思いますが、親にとってはみんなと一緒に塾やスポーツクラブにと考えるのは仕方のないことでしょう。

今、小学生の子どもをもっておられる親は、昔の子ども社会を知らない世代が多くなっています。特に母親には、男の子に必要な異年齢の子ども社会での体験の必要性は分かりにくいようです。文部科学省は、異年齢の子どもとの遊びの必要性は言っていますが、大人主導で形だけの、それも一時的なイベントでの遊びを言っているようです。それでもないよりはいいと思いますが、子どもたちを本当に逞しくするためには、もう少しきちんとした指導が望まれます。

二〇一二年になってうれしいことがありました。国分アンビシャス広場があるからその近くに家を建てたという親がいました。また、隣の小学校に入学した子がコマをやるお兄ちゃんたちがいる国分小学校に行きたいというので家を探していますという親御さんもいました。少しずつ理解者は増えてきています。

子ども社会ができた！

けんかゴマの団体戦に参加したい子どもが増え、二〇一三年には土曜日の広場開設時には参加者が五十名を超えるようになりました。広場の大きさから見て三十名程度が適正ですが、会員制ではないために制限することはできません。団体戦は四チームつくるとしても、一チーム十名を超えるとリーダーは大変です。参加することに意欲があるものの、どのようにしていいか分からない幼稚園児も加わっていますので、統率がとれないこともあります。そこで、ちびっこ指導員たちと話し合って一部リーグと二部リーグに分ける試みを始めました。ドラフト会議を二回行わなければならないので指導員たちは大変ですが、人気が高まった広場でみんなが楽しく遊ぶためにはどうしたらいいか、現在、試行錯誤を繰り返しています。

アンビシャス広場を始めて十二年、開設当初に来ていた子はすでに高校生、一部は社会人になりました。地域の子ども社会を再生しようとやってきましたが、その子ども社会はできたのでしょうか。それを判断するためには、子ども社会とは何かの定義が必要です。私なりに子ども社会を考えてみました。

①多くの子が子どもたち自身の意思で集まっていること
②異年齢で構成されていること（小学校高学年から低学年・幼児）
③子どもたちの意思で遊んでいること（大人が関与しないこと）
④その集まりが継続していること
⑤その集団への出入りは自由であること

国分のアンビシャス広場を見ると、ほとんどは十分に達成していますが、③だけは、やや疑問が残ります。

私たちボランティアは見守っているだけですが、高学年のちびっこ指導員は広場方針を受け、自分たちの役割として団体戦のリーダーを務めています。やはり、ボランティアの意向を受けているのです。

小さい子から「団体戦まだやらんと?」の声で高学年の指導員が話し合い、リーダーを決め、小さ

ちびっこ指導員による初心者だけの団体戦

い子を集めてドラフト会議を行い、チームをつくり、団体戦が始まります。毎回、団体戦をやるという広場の方針から、それを行っているのです。

リーダーとなる指導員がドラフト会議で人選してチームをつくるわけですから、全部子どもたちでやっているのは確かです。小さい子どもたちはそのリーダーに認められなければなりませんので、そこは子ども社会になっています。しかし、広場の方針を受けての行動ですから、完全な子ども社会とは言い切れないでしょう。広場でリードするちびっこ指導員は、指導員としての責任感から広場でのけんかゴマの団体戦のリーダーを務めているのです。

指導員は、その役割を果たすことで各地域にコマの指導に行くことができます。二〇一一年の夏には東日本大震災子ども被害者支援のために宮城県まで行って指導した子もいます。このようなこともあり、コマの指導員は子どもにとって魅力的なのです。このちびっこ指導員がガキ大将の役割

コマで遊んだ後、サッカーをする子どもたち

をはたしている面もありますが、指導員という制度で引きとめられている面もあります。そのようなことから、ちびっこ指導員の制度に基づいた広場での団体戦は、完全な子ども社会ではないと思います。ただし、この団体戦が子ども社会づくりのベースになっていることは明らかです。

その中の一つが、広場全体の団体戦が始まる前のチビッコ団体戦です。これは、三年生以下の低学年が勝手にコマの打ち合いをし、それが発展したもので、コマのうまい子がリードしています。その中にはガキ大将候補がいます。高学年は近くの広場で思い思いの遊びをしていますし、大人は一切かかわっていません。

また、広場全体の団体戦が終わった後、ちびっ子指導員の中のガキ大将が自分の意思で「隣の広場に行ってサッカーやるぞ」と声をかけると、六年生から一年生まで二十名ほどがついていき、全員熱心にサッカーをしています。隣の広場といってもボランティアからは見えませんので、これに

広場を開いていないにもかかわらず、子どもたちだけで集まるようになった

も大人は一切かかわっていません。遊び方、判定、トラブルの対応など、全部子どもたち自身でやっています。ここにも子ども社会ができています。そこでは、サッカークラブに入っている子がいますので、本気でサッカーボールを蹴っています。時々小さい子が鼻血を出していますが、それもいい経験になっているようです。サッカーに飽きると「ケイドロ（警察と泥棒）」という鬼ごっこをする時もあります。

一方、サッカーに行かない子どもたち十数名が残って、またコマを回します。これは低学年が多いのですが、その中のガキ大将候補がチビッコ団体戦を始めます。ここでも大人に関係なく子ども社会ができています。

さらに、広場を開かない時の広場や住居近くの空き地などで、数名の子どもたちでコマを回して遊んでいる光景が見られます。これも子どもたちだけの社会です。ここでもアンビシャス広場の常連がガキ大将になっており、初めての子にコマを

雨の日の広場

教えているようです。子どもたちはそこを「ミニアンビシャス広場」と呼んでいるそうです。外で遊ぶおもしろさを体験した子どもたちは、自分たちで遊びはじめました。以前は、外に出てもだれもいませんでしたが、今はだれかいるのでは、と外に出るようになったようです。

ある時、区域外の川のほとりを歩いていると、「おっちゃん」と声をかけられました。以前、広場に来ていた子が子どもたちと魚釣りをしていました。大人顔負けの道具を使い、釣りのテクニックもそれなりのようでした。要するに、広場に来て遊び、そしてもっとおもしろい遊びを発見し、もっとおもしろい友達を見つけているのです。そこには子どもだけの社会がありました。子どもたちの自立心は確かに育っていると思います。

アンビシャス広場は、週に一回（土曜日の午後）ですが、地域に外遊びの楽しさを体験する機会を提供し、各所で子ども社会をつくるきっかけになっているのです。子ども社会は大人がここに子ども社会をつくれと言ってできるものではなく、子どもたち自身が自分たちの都合のいい所につくるのです。広場を拠点にして確実に各所に子ども社会ができていることが確認できました。

広場に来なくなった子の親から、このごろ広場に行きませんで、と申し訳なさそうに挨拶されることがあります。私は、広場を卒業して、ほかで自立して遊ぶ実力がついたことはいいことなのですよ、と説明しています。また、広場を離れて少年野球クラブに入ったものの、何らかの事情で野球をやめて再び広場に来るようになった子もいます。アンビシャス広場の子ども社会はいつでも戻ってこられるのです。

雨の日には外でコマを回せません。しかし、ほとんどの子が集まり、室内用のコマを回すか、卓球などをして遊んでいます。みんなのいる所に行きたいと思うのでしょう。雨の日にも土の上で遊べるように大きなテントでもあればいいなと思います。

素晴らしい子ども社会

子ども社会の素晴らしさ

崩壊した地域の子ども社会を再生させようと開いてきたアンビシャス広場で、子ども社会らしいものができると、やはり素晴らしいものだと再認識します。子どもたちは、その中で勝手に勉強します。大人は場を設けるだけで何もしなくていいのです。

子どもたちがどう変わるかというと、みんなの中に入れば、逞しくなり、みんなのことを考えるようになるし、優しくなります。例としては次のようなことがありました。

・転校してきていじめられ不登校になりかけた子が、コマを回すことで仲間に入り、学校も平気になった
・戦うことに喜びを感じはじめる
・難しいコマの芯の調整など自分で始める
・努力する喜びを自分で発見する
・アレルギーがあっていろいろ食べられなかった子が、気にしなくなった
・家庭の事情で元気がなかった子が、コマでみんなの中に入って遊ぶことで元気になった
・親に連れられてきて、初めはほかの子に何か言われて泣いていた子が、みんなの中でキチンと主張するようになった
・コマ回しをする時しゃべらないといけないので、無口な子が必要なことはよくしゃべるようになった

・わがままで親が困っていた子が、広場で遊ぶうちにわがままがなおった
・不器用で転んでも手を出さず顔を土にぶっつけて鼻血を出していた子が、今はコマの実力者になり、ガキ大将候補になっている
・知的な障害のある子が低学年の子どもと一緒にコマ回しを練習して回せるようになり、自信をつけて手のせに挑戦、それもできるようになり完全に社会に入れた
・初めてコマを買った子のコマの芯の調整をしてやる子が増えだした

あるお母さんは、アンビシャス広場のあった土曜日、子どもは夜八時半から九時には寝ると言われます。自分は寝たくないので睡魔と闘うのですが、横になると直ちに眠ると言っておられました。子ども社会の一番の素晴らしさは、子どもたちが変わっていくのに大人は何もしないでいいところです。今度のアンビシャス広場は何をしようか、と考える必要がないのです。さみしそうな子に声をかけることはありますが、基本的には、子ども社会に入れるように応援するだけです。

子どもたちは大人が何もしないので自分たちでせざるをえず、自分たちで勝手に勉強するのですから、ボランティアは、最初に集会所のカギを開け、終わった後に掃除をし、時々、危ないことをする子を叱り、「コマが回った、手にのせることができた」などの報告に来る子には「すごいね」とほめてやればいいだけです。そのうちに子ども社会で認められることが大切なことが分かると、いちいち大人に報告に来なくなります。それで自立心、社会性が身についてきますので、これほどいい教育の場はないと思います。

子ども社会の素晴らしさは、その社会を子ども自身が大好きなことです。土曜日が来るのを待ちかねている子が多いようです。転校した子が三十分かけて歩いてくるのですから、驚きです。愛用のコ

マを忘れてきた一年生の子に「今日は広場のコマで遊んだらどうか」とアドバイスしても、往復三十分もかけて坂道を登り、家に自分のコマを取りに帰るのです。親に行けと言われているサッカーの試合場から広場のけんかごまの団体戦に駆けつけてくる子もいます。

ある時、コマの団体戦で負けたチームの二年と三年の子が、二人で負けた責任をお互いに追及して二人とも泣き出し、「もう帰る」と言って広場を出て行きました。その二人をチームの五年生のリーダーが追いかけ、広場に呼び戻して一生懸命に説得していました。子どもたちの問題ですから私は詳しく聞きませんでしたが、いろいろと勉強しているようです。

高学年からコマに熱中する子もいますが、わずかです。低学年でゲームに熱中した子は、それからなかなか抜けきらないようです。コマも好きだけどゲームも好きという高学年は、時々広場を離れてゲームをやっているようです（広場ではゲームは禁止）。低学年の子はゲームよりコマがおもしろいという子が多いようで、それほど子ども社会は子どもにとって魅力があるのです。

ほとんどの子は、徒歩か自転車で子ども自身が勝手に来ますが、子ども社会の素晴らしさに気づき、かなり遠くから車で送ってくる親もいます。広場を閉める午後五時近くになると、子どもたちを迎えに来た車で混雑しています。

どんな子どもでも対応する子ども社会

子どもたちは一人として同じではありません。生まれつきの性格、能力、家庭環境など全部が違います。それぞれの子どもたちに合った個性を伸ばす教育ができれば素晴らしいことですが、それは非常に難しいことです。

十二年間広場を開き多くの子どもたちを見てきて、子どもたちは全員違うということが分かりました。私なりに子どもたちの違いを大きく分けてみると、次のとおりです。

①もって生まれた性格 ── 気が強い、気が弱い、無口など
②家庭 ── 母親が過干渉、放任、教育についての理解度など、家庭のいろいろな事情
③兄弟 ── 一人っ子、男の兄弟が二人以上、男の子と女の子の兄妹など
④育った環境 ── 同級生だけと遊んだ、いろんな子どもたちと遊んだ、大人の関わり方など

このように、もって生まれた資質、育った環境、家庭の状況など、子どもたちそれぞれに違います。そのような子どもたちを相手に子ども社会づくりに取り組んできましたが、中でも男の兄弟が子ども社会づくりに重要な働きをしました。

広場をつくる初期の段階から、男の子二人以上の兄弟が子どもの社会づくりに欠かせなかったと感じています。男の子の兄弟は、家庭の中で異年齢のミニ社会を経験しています。弟は兄に負けたくないと思っていますので、一生懸命に努力しますし、兄も弟に負けまいとします。それが子ども社会を活性化する役割を果たしました。男の兄弟は、広場を設けなくても遊ぶことができ、異年齢の社会が好きなようで、子ども社会を構成する重要なメンバーになって、みんなを引っ張ります。

それが一人っ子とか姉弟の場合の弟などは、家庭内で競うことが少ないので優しい子が多いようです。そのような子は、自らみんなを引き連れて遊ぶことは苦手ですが、子ども社会で遊びだすと、見る見るうちに逞しくなっていきます。一人っ子でわがままな子もいますが、わがままのままではみんなと遊ぶことができませんので、ほかの子のことに気を使うようになります。

子ども社会とは、子どもが自分の意思で入り、自分の意思で遊び、自分の意思で戦うことにより、勝手に勉強するところです。一人っ子が家庭では経験できないことを経験できるし、同級生からは学べない何かを学ぶのです。子どもたちそれぞれに学ぶものは違うでしょう。その子に合ったカリキュラムがあるわけではありません。カリキュラムがなくてもその中に入れば何かを学べるのが、子ども社会の素晴らしさだと思います。大人は、子どもたちの集まれる場所を設け、子ども社会に入れない子どもたちの手助けをするだけです。

いま、子ども社会の意義が分からないお母さんと、異年齢の子ども社会を経験したことのないお父さんが増えています。そして、昔の子ども社会の経験をした高齢者がだんだん少なくなっています。日本の地域社会がもっていた遊びによる訓練の場を、真剣に考える時期に来ていると思います。

憧れ、それは同級生ではない

最近は、けんかごまの団体戦は四チームでするのが恒例になっています。五、六年の指導員の中で今日はだれがリーダーになるかを決め、リーダーがドラフト会議で人選をしてチームをつくり、作戦を立てます。小さい子にとって、そのリーダーは憧れの的です。優しくて、コマはうまいし、リーダーの力強い姿を見て、自分もああなりたいと思うようです。

そのリーダーがガキ大将になって、ほかの遊びもリードします。なかにはちびっこ指導員になってリーダーを務めてはいるものの、気が優しいためにガキ大将には不向きな子もいます。しかしそれはそれで、指導員として尊敬されているのです。

ドラフト会議で憧れのリーダーからの指名を待つ子どもたち

三年生で六年生の子にコマで勝つ実力者もいますが、コマがうまいだけでは憧れの対象ではないようです。遠くではなく、三年もたてば自分もなれるという目標になっています。高学年の子と同じ遊びができることからくる効果なのです。そこに異年齢の素晴らしさがあります。

広場のない日、高学年のガキ大将の自宅には、コマを教えてくれと小さい子が訪ねてくるそうです。子どもたちは、プロ野球、プロサッカーの選手に憧れますが、身近な遊びの中に憧れの対象がいるのは、地域ならではの素晴らしいことだと思います。

コマをする子どもたちは学校の廊下をすれ違う時、高学年の子と低学年の子がハイタッチをするそうです。前にもふれましたが、このガキ大将に憧れて別の校区から広場に来ている一年生の子が、コマをするお兄ちゃんたちがいる国分小学校に転校したいと言っているのです。

このガキ大将に憧れている子が三年生になっ

たら指導員になり、高学年になったらガキ大将になります。その中でコマの技は伝承され進化していくのです。

子ども社会に入るタイミング

子ども社会ができると、子どもたちは勝手に遊びます。問題は、その中で遊んでいる子どもたちではなく、外側にいる子どもたちです。

広場の子ども社会といっても、いつも同じ遊びをしているのではなく、コマを回している子、サッカーをやっている子、卓球をやっている子など、いろいろいます。友達と一緒に初めて広場に来た子は、その友達とまずコマを始めます。すでに友達からコマ回しを習っている子もいますが、ほとんどの子は単に回せるだけです。子どもたちが集まると、けんかごまの団体戦が始まります。低学年の子が団体戦をやろうと言い出し、高学年の指導員がリーダーになり、みんなを集めてチームづくりを始めます。その時に初めて来た子が友達と一緒に入れるかどうかが第一関門です。

コマが回せるだけで団体戦には入ることができますので、気軽に入る子もいます。しかし「僕はまだへただから」と言って入りたいけど入れない子もいます。子どもたちは初めて来た子が入ろうが入るまいが関係なしに、けんかゴマの団体戦を始めます。初めての子を連れてきた子も含めて、わいわいがやがやみんな楽しそうに戦います。初めての子は、そのすごさに圧倒されます。

私は、団体戦に入れない子を発見すると「コマは練習したらだれでもすぐにうまくなるよ」と言って練習をさせます。すると、必死で練習して次の週から入る子がほとんどです。ところが、かなりコ

小さな子もチームの一員

マが回せるようになっても団体戦に参加しない子もいて、そんな子は、コマ以外のボール遊びなどで遊んでいますが、なにか元気がありません。広場の共通の遊びであるコマ、みんなでチームをつくり遊ぶコマ、それに入れないのがやはりさみしいのです。そのような子はほとんどが四年生以上の子です。

子ども社会にすぐに入れる子は、年齢的に幼稚園から三年生ぐらいまでの低学年です。四年生以上になると、自分より小さい子がうまく回しているのを見て、恥をかきたくないという思いが先にきて、参加できないのです。低学年は恥という概念がまだ強くないようです。

一、二年の時に広場に来ていて少年野球などの社会活動で広場を離れた子がいます。そのような子が何らかの事情でその活動をやめた時、広場に戻ってきます。その時に五、六年生になっていても、広場に来てコマの団体戦にスーッと入って遊びます。ブランクがあるのでコマの技術は低学年よりも落ちますが、子ども社会に戻れば必死で練習し、指導員の資格をとり、すぐにガキ大将になります。

子どもたちの性格の違いもありますので一概には言えませんが、子ども社会は幼稚園から三年生ぐらいまでに経験することが重要だと感じています。その時期が、親から離れ自分で行動し、子どもたちの中に入ろうとするころのようです。そして、その時期が社会に出る訓練の重要な期間だと感じています。しかし、このことを理解している親が少ないのが気になります。

国分アンビシャス広場の実践から見えてきたこと

十二年間にわたる国分アンビシャス広場の活動は、子どもたちの生活や育ちにどのような成果を生み出したか。ここでは、それを子どもたちと保護者へのアンケート調査、自尊感情についての調査、青少年を巡る地域の状況などから見てみます。

子どもたちに対するアンケート結果

①現在、広場によく来ている子どもたちの感想

アンビシャス広場の活動に参加している子どもたちは、広場についてどのように思っているのでしょうか。現在、毎週四十－五十名の子どもたちが広場に集まってきます。その中でも毎週来る子は二十五名ほどです。その子どもたちに簡単なアンケート調査を実施してみました。回答してくれた子は二十三名です。

その結果を見ると、「アンビシャス広場は好きですか」という質問に、八六・九％が「大好き」、八・六％が「好き」と回答しています。合わせると実に九五・五％の子が「好き」と答えていることになります。

どうしてそんなに広場が好きなのか、これについて複数回答で答えてもらいましたが、圧倒的に多いのは「いろいろな友達と遊べるから」八二・六％、「コマの団体戦ができるから」七三・九％という理由です。言い換えると、広場はみんなで遊べるから好きだということのようです。このことは、自由記述の中の「楽しくて明るくて友達に会える」「皆がいっぱい遊んでくれるから」「コマの団体戦、個人戦ができるから楽しい」といった感想からもうなずけます。

アンケートでは、子どもたちがゲームをもっているかどうかもたずねてみました。これに対しては、七三・九％の子が二個ないし一個持っていると答えていました。

それでは、子どもたちはゲームと広場の中心的活動であるコマとどちらが好きなのでしょうか。大変興味深いことに「ゲームが好き」は皆無で、「コマが好き」が五七・八％、「どちらも好き」が四二・一％でした。今の子どもたちは、ゲームに没頭し、子ども同士の遊びよりゲームのほうが好きなように言われています。しかし、この結果を見ると、機械よりやはり生きた仲間が一番のようです。国分アンビシャス広場は、子どもたちにとって仲間関係を豊かにする魅力的な場になっているようです。

②広場によく来ていた子どもたちの感想（中学生・高校生など）

この十年の間に多くの子どもたちが国分アンビシャス広場で遊び、そして「卒業」していきました。その子どもたちは広場について、今、どんな感想をもっているのでしょうか。それを知るために、小学生の間、毎週広場に来ていた子どもたちで、現在中学生、高校生、社会人になっている十五人にアンケート調査を行い、感想を聞いてみました。回収できたのはこのうち十四名で、人数は少ないのですが、結果として次のことが分かりました。

まず、「広場はあなたのために役立ったと思いますか」という質問に、ほぼ全員が「非常に役立った」（九二・八％）、「役立った」（七・一％）と答えています。その理由として挙げているのは、複数回答ですが「自分で考え行動する力がついた」（七一・四％）、「努力する力がついた」（八五・七％）、「人と付き合う力がついた」（六四・二％）などです。また、「なぜそのような力がついたと思うか」という質問に対しては、七八・五％が「同級生以外と遊べたから」、四二・八％が「地域の大人との交流があったから」（いずれも複数回答）という理由をマークしています。子どもたちは、広場の豊かな人間関係が自分の成長にとって意味があったと強く感じているようです。

アンケートでは、広場について自由に感想や意見も書いてもらっています。次に挙げるのはその一部です。これを読むと少なくとも広場によく来ていた子どもたちにとって、そこは貴重な体験のできるかけがえのない場であったようです。

・いじめられている子がいじめられなくなり楽しめるところだと思う。
・本当に来てよかった、自分たちで考えられたところがよかった。
・アンビシャス広場は自分を精神的に成長させてくれました。
・今、違う年齢の子と遊ぶことができないが、広場ではそれができた。
・何も言わなくても一年から六年まで自然と集まる広場は週一日の楽しみだった。
・いろんな人と触れ合えていい体験をしました。

子どもたちは、このようにアンケートに答えていますし、質問に対する回答では多くの子が広場について「プラス評価」をしています。しかし、私は広場で遊んだことの本当の効果が分かるのは、もっと先、おそらく社会に出て四十歳以上になってからだろうと思っています。

保護者に対するアンケート結果

①保護者は広場をどのように思っているか

次に保護者は、広場についてどう見ているのでしょうか。このことを知るために、現在広場によく来ている子の保護者と、小学生時代に広場でよく遊んでいた子の保護者を対象に、簡単なアンケート調査を実施してみました。回収数は前者が十九名、後者が十二名です。人数は少ないのですが、広場の活動を評価するうえで参考になると思いますので、結果を紹介します。

まず「広場は、子どものために役立ったと思いますか」という質問に対して、現在広場によく来ている子の保護者の全員が「子どものために非常に役に立ったと思う」と答えています。同じ質問に対し「卒業」した子どもの保護者も全員そう答えています。広場に対する保護者の評価は非常に高いようです。

では、どんな点が役立ったと考えているのでしょうか。現在広場によく来ている子の保護者の回答で最も多いのは「人と付き合う力をつけるのに役立っている」九四・七%、次いで「努力する力をつけるのに役立っている」七八・九%、「自分で考え行動する力をつけるのに役立っている」五七・八%、「人に対する思いやりを身につけるのに役立っている」五二・六%の順となっています（いずれも複数回答）。「卒業」した子の保護者では、「自分で考え行動する力を付けるのに役立った」、「努力する力を付けるのに役立った」、「人と付き合う力を付けるのに役立った」、「人に対する思いやりを身につけるのに役立った」の順です。

アンケートでは、さらに広場がこうした効果を生み出した理由を保護者がどう考えているのか尋ねてみました。その結果、現在広場によく来ている子の保護者では、「同級生以外と遊んでいるから」九四・七％、「自分自身で考え遊んでいるから」六八・四％、「地域の大人と交流があるから」三六・八％の順でした。一方、「卒業」した子の保護者では、「同級生以外と遊んだから」一〇〇％、「地域の大人と交流があったから」六六・六％、「自分自身で考え遊んだから」六六・六％（いずれも複数回答）の順でした。注目したいのは、どちらの保護者も異年齢の子と遊んでいることを第一に挙げていることです。

②現在、広場に来ている子の保護者の感想

・親がやきもちを焼くほどアンビシャス広場が好きです。

・自分で決め自分で行動し、その結果の責任を負うこと（良いことも悪いことも、例えば地道に練習すれば上達する、横暴なことをすれば他の子に責められるなど）で判断力や責任感が養われていくと思います。これが本当に大切なことだと思います。

・家庭や学校では、大人の意向が反映されがちです。しかし、広場では大人の口出しがなく子どもの意思で行動しています。そのような経験の中で自分のできることできないことを見極める力、また責任感が育っていくのではと思います。さらに自分の責任感のもと行動したことが実を結べば子どもの肯定感はぐっと上がると思います。

・広場で地域には信頼できる大人の存在を知ることができ、その安心感が社会に出ていく時に一歩踏み出す勇気につながると思います。
・保護者の監視下でなく、地域の大人の見守りの中、子どもたちが自分の社会で正しく善悪を判断し多数決で行うことができる場であり続けるため、自らの意思が通らない時も、自分の考えに誤りがあることを本人が一番に気づける子ども社会であるため、広場は必要である。
・わが子（女の子）においては、コマを通じて将来男女格差を感じない子になれると思います。
・子どもが夢中になれる遊びがすぐ近くにあり、同時に遊びを通して親から少しずつ離れ、子ども同士の輪の中で自分で考え行動するなど多く学べているのではと思います。
・（今は）子どもたちの自主性やコミュニケーションを大人が口出しせずに見守る場所って本当にありません。アンビシャス広場に通い、好きなことに熱中する息子のやる気にびっくりしました。小さいながらこま大会での優勝を目指しています。コマの話をするときは目を輝かせています。
・子どもが社会体育で副キャプテンをして頑張っていたのですが、大人の事情でやめさせてしまいました。子どもの心の中が空っぽになってしまったのでは、と毎日親として悲しい日々を送っていました。しかし、アンビシャス広場に復帰し、生き生きと小さい子のリーダーとして楽しく通っている姿を見てホッとしています。アンビシャス広場がなかったらどうしていたのか不安になるくらいです。
・広場に行くようになり友達も増えました。また上級生とも仲良くなったために学校でもアンビの上級生に声をかけられてうれしくて、学校も楽しくなって良いことだらけです。

③広場を「卒業」した子の保護者の感想

・室内で遊ぶことの多い中、広場のおかげで元気いっぱい外遊びをする子になりました。他学年も含む団体行動の中で、人との接し方、負ける悔しさ、努力して勝つ喜び、家庭では教えられない大切なことをたくさん身につけることができたように感じます。

・昔の私たちの子ども時代と同じように子ども同士が考えて外で遊ぶ、その遊びを通して、いろいろなことを学べて幅が広がったと思います。地域の皆さんの見守りがあって親として本当に感謝しています。

・広場では、家庭や学校だけでは経験できなかったことができたと思います。成功体験、仲間との交流、大人との関係。

・子どもたちは、開設当初に比べたらコマのレベルがアップしています。子どもたちの中で文化が生まれ、それが伝承されている様を目の当たりにして、感慨深いものがあります。これから子どもたちは勉強以外に多種多様な経験を積むことが求められると思います。アンビシャス広場の存在意義はますます重要になってくると思います。長きにわたって見守っていただきありがとうございます。

・狭い家族の中だけでなく、幅広く地域の方々の交流や昔ながらの遊びの中で、譲り合ったり、我慢したりすることで、優しさを育てていただきました。失うものの多い情報社会の昨今、人として大切な心をもち続けられるアンビシャス広場に本当に感謝しております。

・上の子から学び、下の子に教えるという子ども社会の中でよい経験をしたと思います。子どもは、大勢の子どもの中では遊べませんでしたが、広場のおかげで明るく友達と遊ぶことができるようになりました。
・子どもたちの成長を見て、友達やお兄ちゃんたちがやっている技を直に自分のものにして、さらにその下の子どもたちがまねをして、年を経るごとに子どもたちの技術が向上していることに驚きました。
・自分で学ぶ力を自然に広場で身につけることができたのではと思います。
・子どもたちがもう少し大人になれば、広場で経験したことがとても貴重だったと痛感できると思います。
・子どもが小学生当時、広場のある土曜日以外でも「けんかゴマ」大会を考えてチームをつくり、ホワイトボードでリーグ戦をしているのを見てすごいと思いました。
・広場でちびっこ指導員になり、いろんな体験をして、今は（高校生）リーダーとして頑張っています。有難うございます。私も子育てが落ち着いたらお手伝いしたいと思っています。
・たくさんの友達、それに大人と関われて、たくさんのことを吸収できた広場でした。子どもは楽しみに行っていました。自然に行動力や根性、思いやりが身についていく広場だと思います。
ここでアンケートに応えてくれたのは、毎週広場に来ていた子どもたちの保護者です。比較的おとなしい子が多かったのですが、中学校、高校では予想以上に頑張っているようです。一方、ときどき顔を出していた子どもたちの保護者は、広場の効果についてあまり感じてないかもしれません。なぜなら広場にはまり込み、子ども社会の本当の一員にならないと効果はなかなか分かりにくいからです。

自尊感情調査の結果から

毎週の広場開設日には、幼稚園から六年生まで四十名程度の子どもたちが集まってきています。広場の常連の学年は二、三年が多く、高学年になるほど少なくなりますが、各学年平均して五、六名です。国分小学校は生徒数が約五百六十名もいますので、広場に来ている子はごく一部の子です。国分小学校の生徒の自尊感情がどのようになっているのか、広場に来ている子がどうなのかを知るために、小学校の協力を得て調査を実施しました。分析は福岡教育大学名誉教授の横山正行先生にお願いいたしました。その分析結果を横山先生にご執筆いただきましたので、紹介します。

横山先生の分析結果

自尊感情というのは、自分に対する肯定的感情のことを言います。自分はそれなりの能力と、良い面をもった大切な存在なのだという気持ちのことです。自尊感情の高い子は、精神的にも安定し、なにごとにも意欲的です。自分を律し、自分を大切にした生き方ができます。したがって自尊感情は、志をもって前向きに生きる子であるための大切な条件であると言ってよいでしょう。

深刻なのは、今その自尊感情の低い子どもが、少なくないという事実です。例えば、福岡県の調査（二〇一二年）では、小学六年生で「自分は何をやってもダメな人間だという感じ」が「よく」ないし「時々」あるという子が、合わせて四〇・一％もいます。同様の結果は、福岡県の宗像市教育委員会が実施した調査（二〇〇六年）でも知ることができます。この調査では、「あなたは何をしてもダメな人間だと思うことがありますか」という質問に「よくある」「時々ある」「たまにある」「全然ない」の四件法で回答を求めていますが、前三者を合計した割合は、六年生で六六・七%という高い数値を示しています。

ところで、自尊感情の形成には、どのような要因が関係しているのでしょうか。従来それには、

①乳幼児期に養育者からしっかり愛されているという感覚をもっていること
②親や先生から、自分は認められているという気持ちがあること
③「自分はこの集団の仲間なんだ！」「仲間から受入れられている」という所属感があること
④自分は必要とされている存在だという気持ちがあること
⑤「自分はできた！」という達成感があること

などが大事だと言われています。アンビシャス広場の活動には、特にこの③、④、⑤が含まれていると考えられます。そうだとすれば、アンビシャス広場の活動に参加している子と参加していない子では自尊感情に違いがあることが予想されます。

そこで福岡県青少年アンビシャス運動推進室では、二〇〇八年に自尊感情の程度を調べる自尊感情尺度という心理学的な尺度を使って実際に調査をしてみました。その結果、自尊感情得点十〜四十の分布の中で二十六点以上の子を自尊感情の高い子とした場合、小学四年生の一般の子どもでは、その割合が四八・四%であるのに対して、広場の活動に参加している子では五一・九%、六年生では一般の子が三二・四%であるのに対して、広場の活動に参加している子どもでは四一・九%というように、アンビシャス広場の活動に参加している子どものほうが参加していない子どもより自尊感情の高い子の割合が高いということがわかりました。

国分アンビシャス広場の場合は、どうでしょうか。今回、福岡県青少年アンビシャス運動推進室が使ったのと同じ自尊感情尺度を用い、同じ手順で調べてみました。対象は国分小学校の四年生百名です。この百名のうちアンビシャス広場への参加の程度を問うアンケートの質問「最近アンビシャス広場に遊びに行っていますか」「一年生から三年生のころアンビシャス広場に行っていましたか」に対して、少なくともどちらかに「よく行っていた」「ときどき行っていた」と答えている子三十九名を広場参加群、それ以外の、どちらの質問にも「あまり行って行ない」「ぜんぜんいっていない」と答えている子六十一名を広場不参加群としました。

自尊尊感情尺度は十項目の質問で構成されていました。それぞれの質問に対する回答は「とてもそう思う」「少しそう思う」「あまりそう思わない」「まったくそう思わない」の四件法で求めています。自尊感情得点の算出にあたっては、「とてもそう思う」を四点、「少しそう思う」を三点、「あまりそう思わない」を二点、「まったくそう思わない」を一点（但し、十項目の質問のうち五項目は逆転項目で、これについては、「まったくそう思わない」を四点、「あまりそう思わない」を三点、「少しそう思う」を二点、「とてもそう思う」を一点とします）と重みづけし、その合計点をもって自尊感情得点としました。したがって、得点は十（最低）～四十点（最高）の間に分布することになります。

こうして自尊感情得点の平均値を求めてみると、広場参加群では二六・一点、広場不参加群では二四・四点でした。これを図で示したのが図1です。また、自尊感情得点二六点以上を自尊感情の高い子と仮定し、その割合を出してみました。図2がその結果です。広場参加群では五六・一％、広場不参加群では四〇・九％で、福岡県アンビシャス運動推進室の調査結果と同じように

図１　広場参加群と不参加群の自尊感情得点の比較

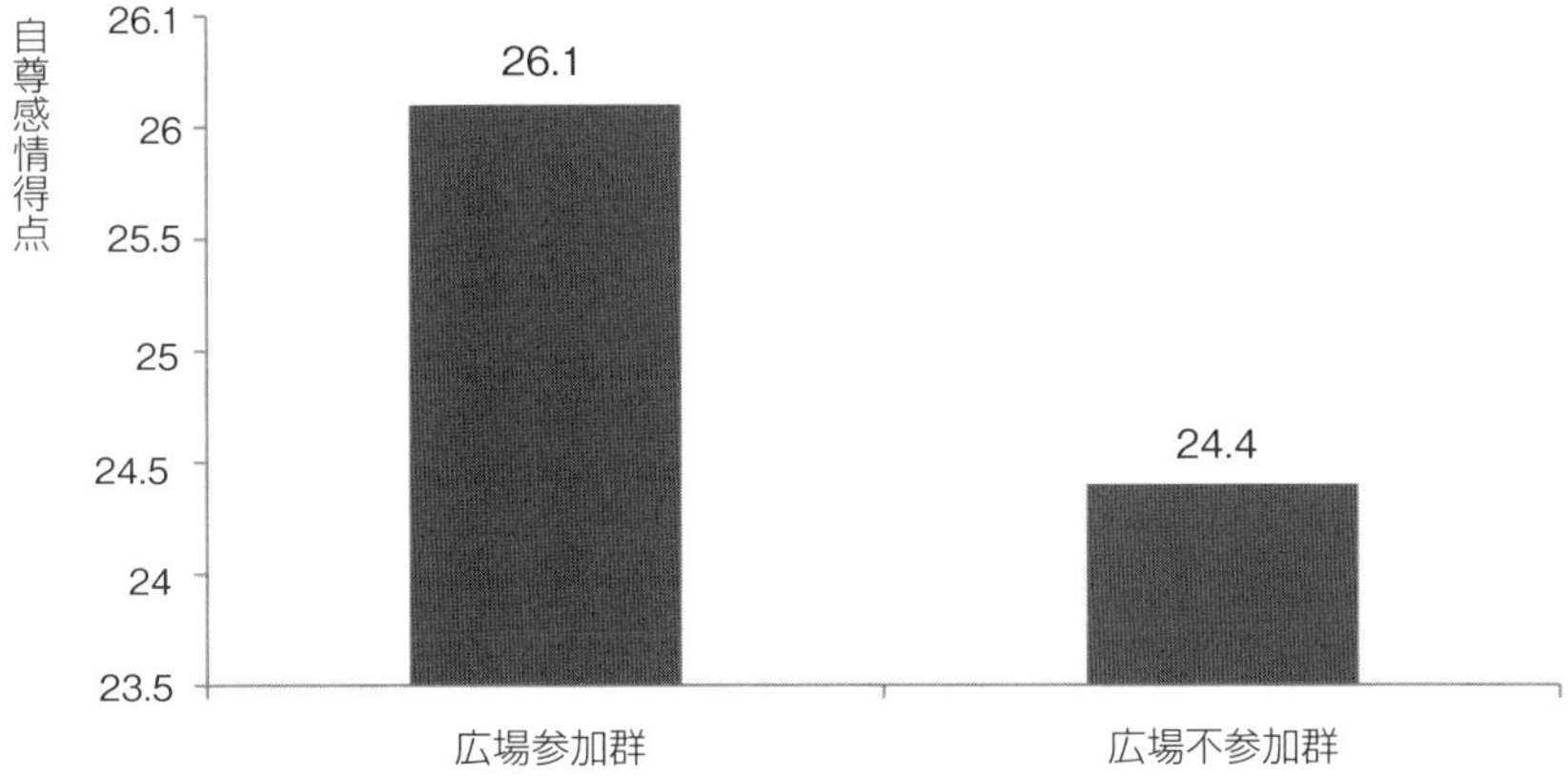

図２　広場参加群と不参加群の自尊感情の高い子の割合の比較
（自尊感情得点10～40の分布において26点以上を高い子とした場合）

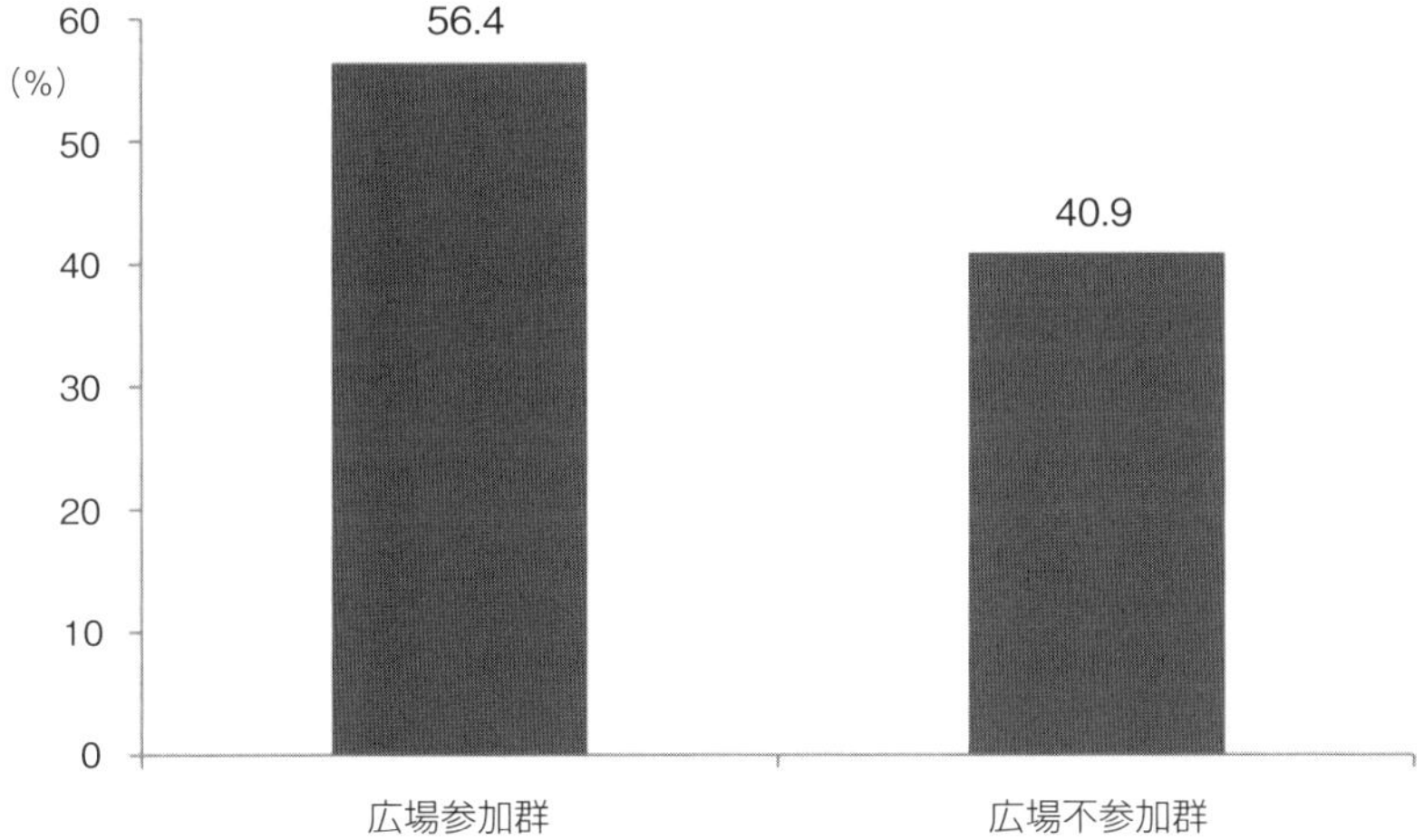

広場参加群のほうが自尊感情の高い子が多いことがわかりました。これらの結果について統計的な検定を行なったところ残念ながら有意ではありませんでした。しかし、傾向を認めることはできました。

国分アンビシャス広場は、イベント中心の非日常的な活動の場ではありません。地域の子どもたちが自分の意思でやってきて、大きい子小さい子が一緒になり、瞳を輝かせて元気に遊ぶ場です。リーダーもおります。まさに昔の子ども社会に似た光景がそこにはあります。

二〇一一年に福岡県青少年アンビシャス運動推進室は、子どもの自尊感情と生活体験の関係を検討し、その結果を「特別レポート」としてまとめました。それを見ると、小学生では外で遊ぶ時間が長い子ほど、また親しい友人の数が多い子ほど自尊感情が高い傾向にあることが明らかにされています。国分アンビシャス広場の自尊感情調査の結果は、こうした先行研究の結果とも一致するものです。

地域の非行少年が減少

「アンビシャス広場では、子ども社会の再生を目指して取り組んでいます」と言っても、分かったようで分からないのが現実です。「子どもたちに遊び場を設けて一緒に遊んでおられるのでしょう。いいことされていますね。子ども会でもやっていますよね」と言われることが多くあります。大人が大きい子小さい子を集めて遊ばせれば、異年齢の子ども社会の中で遊んでいるということになります。

子ども会などはその例です。

そのような中で、ある時、広場に子どもを連れてきた国分小学校のＰＴＡ会長の島元康成氏は、昭和四十年代まであった地域の子ども社会が今もあるのですねと、すぐに気づかれました。それ以来、広場の運営に積極的に協力していただいています。見る人が見れば、大きい子小さい子が一緒に自分の意思で遊んでいるのと大人が主導して遊んでいるのとの違いが分かるものなのでしょう。少しずつ分かってくれる人は増えている、と思うようになりました。

二〇〇九年には福岡県市民教育賞をいただきました。また、二〇一〇年五月には西日本新聞が社説で私の活動を書いてくれました。それまではコマ大会の行事的な報道でしたが、コマ回しでの効果について「子ども社会の復権」と切り込んだ内容になっていました。新聞に載ることが成果ではありませんが、少しずつは評価を得ているとの手応えを感じるようになりました。

広場をつくる時に協力してくれ、最初の広場の代表になってくれた門田直樹氏は保護師を務めておられます。門田さんは「保護師として国分地区の大半を担当しているが、他地区と違い私の担当区では未成年の保護観察対象者が三年前からゼロの年もあるし、確かに少なくなった」と言われています。担当区は六千三百人を超える居住者がいる地域です。「十年以上にわたり開いてきた広場のせいではないか」と門田氏は言われていますが、その分析はもう少し時間をかけないといけないと思います。

しかし、十二年間広場を開き子どもたちを見てきて、広場は非行を防止するのにそれなりの効果はあると実感しています。地域に誰もが行ける居場所があるのとないのでは、大きく違うと思います。

問題を起こす子は、それぞれに事情があるのでしょうが、基本的にはさみしいことが大きな要因だと思います。幼稚園児から小学校低学年の時期に異年齢の子どもと遊べる場所があり、そこで自分の

広場終了後も、なかなか帰らない子どもたち

意思で遊び、力（社会力）をつけておけば、中学生になった時、大きな違いが出てくるはずです。その力とは「友達をつくれるか」「同級生とうまくいかないとき自分でその状況を打開できるか」「悪い誘惑を拒絶できるか」など、いわゆる自立した力（社会力）です。

ほとんどの子は、非行には走らず何とかうまくやっていきます。ほんの一部の子がいろんな事情でうまくやれないのです。小学生のころ、同級生との付き合いしかなく、地域で行く場所がないためにさみしく家でゲームをする環境で過ごした子は、中学生になった時、障害を自分なりに解決できずに、非行、不登校など問題を起こしやすいようです。だれでも入れる広場がある、そこに自分の意思で参加し、同級生だけではなく多くの子どもと遊び、地域のボランティアから叱られるなどの経験をすると、人と付き合う力はついてきます。子どもたちは一人ひとり、それぞれの家庭の事情があります。さみしい時や苦しい時、近くにだれ

広場がない日も自分たちで勝手に遊ぶ

もが参加できる広場があるのとないのとでは、大きな違いのはずです。

さみしい状況にある子が「今日は野球がしたいな、サッカーがしたいな」と思っても、その日だけ入れるクラブはありません。地域に自由に参加できる団体はないのです。その意味でも、だれもが自由に参加できて一生懸命遊べる広場の意味は大きいのです。

土曜日の夕方六時にアンビシャス広場が終わっても、なかなか帰らない子どもが多いので「早く帰れ」と追い返します。その時「今日は楽しかった」と言って帰っていく子どもたちを見ると、地域の居場所の必要性を痛切に感じます。

最近、広場のない平日の放課後、広場の常連の子どもたちを中心に、子どもたちだけ遊んでいる光景が見られるようになりました。土曜日のアンビシャス広場で子どもたちだけで遊ぶ楽しさを体験し、平日も遊びだし、それに近所の子どもたちが加わって子どもたちの社会が再生されようとしています。外に出て子ども同士で遊ぶことはパソコンゲームより楽しいことが分かりだしたのです。

地域の中で一割の子どもたちが自然と集まりだせば、全体に大きな効果が出ると思います。小学生の時に自由に集まれる広場があり、そこで地域の大人から叱られ仲良くなり、そこを拠点として子どもも社会が再生され、社会力を鍛えることができれば、非行に走る子を減らす効果はあるはずなのです。

アンビシャス広場から学んだこと

親に対する教育

広場を開設した当初、いろんな考えの親がいることに驚かされました。

ある時、広場で遊んでいる子を迎えにきたお父さんがいました。「○○ちゃん塾へ行く時間だろう、帰るよ」と言って、広場のボランティアがいる前を黙って手を引いて帰られました。別にお礼を言って欲しいとは思いませんが、「お世話になっています」など一声かけるのは常識だろうと思います。地域のコミュニティが壊れてしまって、地域の人とのつきあいが少なく、挨拶の仕方が分からないのだろうと思いました。ただ驚いたことに、そのお父さんの職業は学校の先生なのだそうです。

広場は、子ども好きな地域のおじさんおばさんが遊ばせてくれる場所という理解なのでしょう。子どもを送ってきたり迎えにきたりした時、ボランティアに挨拶もない保護者が一部いると、見学していた地域の方が怒っていました。私たちボランティアも当初は戸惑いましたが、子どもに責任はないし、子どもを地域で育てるお手伝いをするのだということで、だんだん慣れてきました。

広場に子どもを連れてくる親はまだいい方ですが、教育に無関心な親も多いようです。夜遅くまで子どもを連れ回す親、朝ごはんを食べさせない親、ゲームを何個も買ってやる親、学校にクレームばかりつける親などの話が聞こえてきます。また報道では、子どもを虐待する親、子どもを車に放置してパチンコをする親などのことも目にしますが、このような親の教育はどうなっているのでしょうか。

評論家の方々は、青少年の問題は家庭教育が一番の問題だと、親に対する教育の必要性を言われます。確かにそのとおりです。しかし、どうやってその教育をするのか、実効性のある具体的な方策は出ないままです。

広場開設当時から学校を通じて「広場だより」を毎月発行してきました。その中には、親への情報を常に載せてきました。しかしそれを読んでいるのは、広場に興味をもった一部の親だけです。子どもの教育に関心をもってもらいたいと私たちが思う親は、教育関係の講演会やシンポジウムには絶対と言っていいほど出てきません。

ある時、母親学級で話してくれと頼まれたので出かけたところ、皆さん教育に熱心で、今さら私の話を聞く必要はないと思われるお母さんばかりが集まっておられました。また、あるＰＴＡの役員は、今は親の職業がいろいろで、生活のリズムが違うので、一概にこうすべきたということはなかなか言えないと言われていました。

今はきちんとした教育ができない家庭が多くなったと、よく聞きます。ただ、昔はよかったのかと言えば、疑問を感じえません。昔も飲んだくれの親がいたし、かなりいい加減な親もいました。ただ大家族でそれをカバーし、地域にコミュニティがありましたので、近所のおじさんおばさんが協力してくれていたのです。そこが日本の文化の素晴らしさであり、自己責任のアメリカ型の社会との違いです。

親は、その親から教育されています。戦後大きく変わった教育環境の影響が、二代三代と受け継がれようとしているのです。しかし、子どもには責任はありません。

どうしたらよいのでしょうか。それは、まず子どもを家から引っ張り出して遊ばせることです。そうすると地域の大人との交流もできます。そこに子ども社会があり、地域コミュニティがあればいいのです。地域コミュニティが、幼児虐待まで防止できるようになるのが理想ですが、プライバシーの問題もあり簡単ではないでしょう。しかし、みんなで努力はすべきだと思います。

親が悪い、学校が悪いと議論しているうちに、子どもたちはどんどん大きくなっていきます。間に合わないのです。急がば回れで、今の子どもたちが親になる時に親としての責任が果たせるように、みんなで協力して環境をつくる必要があるのです。

男の子と女の子は違う

子どもたちの半分は女の子です。アンビシャス広場でいろんなイベントをすると、女の子が中心になるケースが多くなります。小学生では女の子の方が成長も速く力も強いのですが、最近では、女の子が男の子を呼び捨てにするし、馬鹿にしているふうに見えてしまうこともあります。

福岡県では若者を外国に研修に連れて行く「グローバルウイング」という事業がありますが、女子が男子の二、三倍は応募してきます。また、女子は自分から応募し、男子は周りから勧められて応募するケースが多く、リーダーになるのも女の子が多いようです。

女子が元気なのはいいことですが、男子の元気がないのは問題です。ＮＨＫの調査では、引きこもりの八〇％は男性のようですし、健全育成が必要なのは、ほとんど男の子と言ってもいいくらいです。ところが子ども会など地域での取り組みは、そんなことは問題にしないで体験活動などを一緒に行いますから、主導権を握るのは女の子で、男の子はついていくだけの状態が多いようです。

あるアンビシャス広場では、「子どもたちが全部企画し、子どもたちがリードして広場の運営をやっています」ということだったので驚きました。どうしたらそのような広場ができるのか不思議でした。しかしよく見ると、大人が決めたスケジュールに基づき、次は料理教室をやろうなどと、女子のリーダーが話し合って決めているだけのようです。大人が決めたプログラムに乗っかって元気な女の子がリードするのは、子ども社会とは違うと思います。

十二年間広場で子ども社会づくりの取り組みをしてきて、女の子と男の子を一緒にしては効果が薄いということが分かりました。特に和ゴマを取り入れてからは、男の子と女の子の違いがはっきり分かりました。最初にコマを回し始めるのは、男の子も女の子も同じです。どちらかといえば、女の子の方が挑戦する意欲は強く、初歩的な上達は早いようです。しかし、けんかゴマで打ち合いを始めると、男の子は必死になり練習を重ねます。そして、男の子はコマの芯の調整を始めます。しかし、女の子はコマの芯の調整まではしませんし、けんかゴマで相手のコマを打つことにも興味はないようです。男の子に勝てなくなって、次第にコマから離れていきます。そうすると男の子だけが残り、ガキ大将風の子が現れ、子ども社会ができるというわけです。

コマは自立心がないとうまくなりません。男の子に自立心が芽生えると、徹底的に追求します。コマをいかに強く回すか、どうしたら強く回せるかを考えます。親にコマのことを聞いても、そのような経験をした親が少なくなっていますから、頼りになりません。なので、自分で練習し、ある程度うまくなりますが、それでも勝てない相手が出てきます。すると相手のコマがよく見えます。親にコマを買ってくれと要求します。買ってもらって少し強くなりますが、それでも勝てない相手がいます。そうするとコマの芯の調整が違うようだと分かってきます。そこで芯を調整します。そうしてみると芯が悪いようだと気づきます。芯を交換します。それでも直らないと、芯を打つ位置が悪いことに気づきます。となると古い芯の穴を一回埋めて、新たな穴をあける作業をします。金槌、ヤスリ、キリ、

一人でがんばるコマの好きな女の子

ナイフを使う、かなり高度なテクニックですが、自分でやらないとだれもやってくれないのです。これだけの面倒な作業を、男の子は始めます。女の子はしません。ですから、コマをみんな一緒にといって遊んでいたら、男の子の良い面が表れないまま終わるでしょう。

そのようなことから、広場でけんかゴマが盛んになると、集まるのは男の子が多くなりました。しかし、なかにはわずかですが、和ゴマのちびっこ指導員の認定試験に合格するだけの技術をもった女の子もいます。その子は男の子の社会の中で女の子の自分がどれだけできるか挑戦しているようです。コマをしない女の子は、ボランティアのおばさんのところで折紙をしたり、お絵かきをしたりしています。

子ども向けのいろんなイベントがありますが、みんなで仲良く一緒に楽しみましょうというイベントでは、男の子は逞しくなりません。男の子の自立心を育み逞しくするためにはどうしたらいいか、よく考えないと、ただイベントを行って大人が満足する結果で終わってしまいます。

いじめについて

「いじめ」については、いろんな議論がなされています。文部科学省も「学校におけるいじめ問題に関する基本的認識と取組のポイント」で指導方針を出していますが、重要な点が欠けているように思われます。アンビシャス広場を開いてきて分かったことと、私たち高齢者が小学校時代を過ごした昭和二十年代を思い出しながら、意見を述べてみます。

私が小学生だったころにも、かなりひどいいじめがありました。私は、いじめる側、いじめられる側、両方の経験がありますし、学校に行きたくなかったこともあります。しかし、同級生ばかりではなく地域の友達もいましたから、切り抜けることができました。同じ年齢でクラスという閉鎖された社会に閉じ込められれば、ストレスもたまるし、それを発散するための遊びもしたくなります。その結果、いじめという遊びに発展するのだと思います。しかし、昔のいじめは自殺にまでは至りませんでした。親が注意していたかと言えば、それほどではありませんでした。

しかし、学校の先生はいじめが表面化した時、真正面から受け止めて、大きな問題になる前にすごい迫力で真剣に注意していました。

小学校段階のいじめ

昔はストレスを発散させることのできる地域の遊びがたくさんありました。学校から帰れば、勉強はしないで、魚とり、小鳥とりなど、何かで遊んでいましたから、それでストレスを解消し、陰湿ないじめにまで発展することは、それほど多くなかったと思います。いじめられる側も、地域に帰れば同級生ではない異年齢の子ども社会の中で遊ぶことができ、いやなことを忘れることができたと思います。今は、気分転換ができ、いつでも入れる子ども社会が地域にありません。少年野球、サッカーなどに加入していない子は、さみしい時だけ入ることはできないし、入っていても訓練の場ですから居場所にはならないこともあるようです。

また、今の子どもたちはだれに対してもいい子であろうとしている子が多く、家に帰っても親には言えない、もちろん先生にも言えないという状況の中で、学校に行かなければならないわけです。このようにストレスがたまった状態が長く続くことは、子どもにとって耐えられないことに違いありません。

時々、同級生の集団（高学年が多い）で広場に来ることがあります。同級生同士が集まると、その中で、いじめまでいかなくても、馬鹿にされている子がいることが多いのです。クラスの仲間が地域で一緒に遊ぶので、クラスがそのまま地域に出てきている結果なのです。

前に紹介した、広場に来ていた子のアンケートの中に「広場は、いじめられていた人などがいじめられなくなり、楽しめる所だと思う」という意見がありました。このコメントを寄せてくれた子は、今は自信をつけて逞しくなっています。いじめを克服するのに広場が役立ったようです。

広場には、高学年、低学年、幼稚園児がいます。それも低学年から来ている子が多く、子供たちの間に何らかのつながりができているようです。そして、メンバーが入れ替わりますので、いじめは起こりません。時々大きい子が小さい子を泣かせることはありますが、集団で一人をいじめることはありません。ただ、ルールに従わない子がみんなから糾弾されていることはあるようです。学校でいじ

力いっぱいコマを打つ

められそうな状況にあっても、一生懸命に遊ぶことで気分転換できるでしょうし、何よりも、コマで相手のコマを思い切りぶっ飛ばすことで、自信と自尊心を小さいながらも身につけているので、少々のいじめには耐えられると思われます。地域に子どもの居場所をつくり、そこで自立心を育てることは、いじめの対策につながるのではないでしょうか。

アンビシャス広場の「広場だより」にコマなどで頑張った子を紹介していますが、以前は紹介した子から「載せないでくれ」と言われることがありました。その理由は、目立つといろんなことを言われ出し、悪くするといじめのターゲットになるのを恐れていたからのようでした。子どもたちは、あまり目立つ行動をしたくないと思っているのです。子どもたちは、いじめのターゲットにならないように一生懸命に努力しているのです。当時は、コマで遊ぶのはおとなしい子が多く、ふだん学校では目立たなかったようです。そのような子がコマの関連で新聞や「広場だより」に載ったりすることが、ほかの子どもたちにとっては意外だったのでしょう。最近では広場全体が元気になり、自分から載せてくれと言う子が多くなりました。

中学生のいじめ

広場に来る小学生たちは「それはいじめじゃん」という言葉をよく口にします。小学校でいじめはいけないことだと教えられているようです。ただ、頭で分かっていても感情は別です。特に中学生になってから、反抗する意味で、やってはいけないことをわざとやる子も出てきます。いじめは、人間としてというより動物としておもしろく感じることもあるのでしょう。それを防止するためには、それ以上におもしろいものを見つけるのが一番いいと思いますが、勉強でもスポーツでもおもしろくてたまらないものを見つけ出せないから、いじめで楽しむのでしょう。難しい問題です。

中学校の先生方は大変でしょうが、早めにいじめの芽を摘んで真剣に取り組んでいただきたいと思います。いじめがあるかないかは、噂で子どもたちには分かります。それを早めに通報する子がいないのが問題です。下手をすると自分がいじめのターゲットになるかもしれないという思いと、人のことを告げ口したくないという感情がそうさせているのでしょう。しかし、子どもたちに早めに報告する勇気をもたせることが大切です。

それには、先生に知らせたら問題を解決してくれる、先生なら命がけで守ってくれるという信頼感を子どもたちが先生に対してもっているかどうかがカギになります。子どもたちは、日ごろから先生が自分たちのことを真剣に情熱をもって考えているかどうか、よく見ています。いじめ問題が発生した時、子どもたちは認識していたのに先生は知らなかったということをよく聞きますが、それは先生が子どもたちから信頼されていなかったと判断されても仕方がないことでしょう。

中学校に「いじめは許さないぞ」という迫力のある先生方が少なくなったのではないでしょうか。子どもたちは大人がどれくらい真剣かすぐに見分けます。この先生は「大したことはないな」と思われたら指導はできないでしょう。

また、いくら専門家とはいえ、大学を出てすぐの先生方に、今の子どもたちのすべてを任せるのは無理があるのではないでしょうか。その対策として、中学校に厳しい実社会の経験を積んだ定年退職者を非常勤講師で配置し、社会、理科など仕事を通じて学んできたことを教えてもらい、必要に応じて生徒指導を先生方と一緒になってしてもらうような制度を検討する必要があると思います。学校の活性化にもなるのではないでしょうか。

中学生になる前の教育も重要です。今の子どもたちのおかれている環境は、昔と違ってきています。パソコンゲームなどでバーチャルの体験は多くなっていますが、真剣な対人関係の実体験が少なくなっています。いろんな子どもたちと遊ぶ中でうまくやっていくコツを身につけたか、地域の大人や先生から本気で叱られる機会はあったか、社会のルールに反すると反動が怖いことを本気で教えられたかなど、社会は優しいことも、ルールに反したらひどく厳しいことも、小学校時代からきちんと教育すべきです。

小学校時代にどのような教育を受け、どのような経験をしたかは、その後の子どもたちの生き方に大きな影響を与えます。中学で起こった事件が中学校の責任であることは確かですが、基本的なことは子どもたちが素直である小学校時代に教えることが大切だと思います。いじめはいけませんと教えるだけでなく、身につく教育が望まれます。

中学生の居場所

地域にだれもが入れる中学生の居場所をつくることも検討に値すると思います。特定のスポーツで集まるのではなく、囲碁、卓球など何をしてもいいし、何もしなくてよい居場所をつくることができれば、いじめられている子が行ってみようかなと思うはずです。ただし、いじめる側の子も行き場所がないので、集団で集まる可能性が高いと思います。悪くすると、その居場所の陰でいじめが発生する恐れもあります。

そこで、話も聞いてやるが、悪い行動をした子を本気で叱れるボランティアが必要になってきます。「いじめている子がいれば俺は絶対許さないぞ」と言えるボランティアが複数いることが、子どもたちの居場所の条件です。先生とは違い、地域のおじさんは本当に怖いと思わせるぐらいの、いろんな経験をもった高齢者のボランティアを有償でお願いすることも考えられます。優しいが、すごく厳しいボランティアがいると、いじめる側の子はほとんどが寄りつかなくなるか、おとなしくしておこうとなると思います。中学生の居場所ができれば、非行に走る子も少なくなるはずです。

いじめ問題は社会の責任

いじめで事件が起こると、まず教育委員会や学校の責任が言われます。これまでは、事件が起きた時の学校側の対応に問題がある場合が多いようです。先生の子どもに向き合う態度にも問題はあるのでしょうが、学校に全責任を押しつけることで解決する問題ではないはずです。それまでどのような教育を受けてきたか、家庭環境はどうだったのかなど、多くの原因がある場合が多いでしょう。

いじめで自殺者を出した時は、報道も評論家も活発になりますが、根本的な解決のないまま、次の事件が起きるまで静かになります。議論ばかりでは、解決はできません。いろんな意見を主張する人は、それを行政に実行させるまで努力すべきです。また、行政も地域と協力して、失敗を恐れずいろんな対策を実行してみることが必要だと思います。

何が危険かを学ぶ

地域で子どもに関わる活動がなかなか広がらない原因は、事故です。事故が起これば必ず責任を追及され、損害賠償責任を負わされます。だから、地域の子どものために何かしたいのだが事故が怖いからかかわらない、と言う人が多いのです。福岡県がアンビシャス広場を提唱した時も、損害保険を配慮して補助金を高額にしました。

二〇〇一年に広場を開設したころは、子どもたちは驚くほど危険に対して鈍感でした。よく怪我をしましたし、骨折などで保険を請求した例も数件ありました。

その後、イベントを入れなくなり、コマ回し中心の遊びになって技の競い合いが始まり「投げゴマ」を取り入れることになりました。福岡の投げゴマは、大きく振りかぶって相手のコマを目がけて投げます。相手のコマに当たればコマを飛ばしますし、うまく当たればコマを割ることもあります。人に当たれば非常に危険です。しかし、これがコマのおもしろいところですし、男の子の本性を蘇らせるメインの技なのです。あんな危険なことをさせてはいけないのではないですかと言う人もいまし

飛んでくるコマから身をかわす

たが、コマの魅力で子ども社会をつくろうとしたわけですから続けました。

その結果、コマが普及するにつれて怪我人が出なくなりました。なぜ怪我人が少なくなったのか、理由は簡単です。コマが時々子どもたちに当たります。特に低学年同士で遊ぶ時に当たることが多いのですが、まだそれほど強くは投げられないので、大怪我をするようなことはありません。低学年の時にコマが当たる経験をすると、子どもたちはコマの危険性を理解します。そしてその危険を回避するために、お互いに注意するようになります。

投げゴマをする時、子どもたちはコマを投げて打つ合図として、必ず「どいて」と言うようになりました。「どいて」の後には必ずコマが飛んでくるので、みんな場所をあけます。対決している時はもちろん、みんなで遊んでいる時も「どいて」「どいて」の声が飛び交っています。子どもたち自身が危険を回避する術《すべ》を身につけだしたのです。

今の子どもたちは、何が危険かを体験することが少なく、その結果、危険を回避する能力をつけないまま大きくなっているのではないかと思います。時々、初めて広場に遊びに来た子が広場の危険回避のルールを理解せずに危険な行動をすることがありますが、それは広場の子ども社会のルールを理解していないからです。

多くの地域の子ども会などの行事は、大きい子も小さい子も、男の子も女の子も一緒です。そんな時は、危険を回避するために小さい子に合わせないといけません。そのようなことから危険に鈍感な子どもたちが多くなっているのです。

コマは、危険を勉強するためにも非常にいいツールだと思います。ただし、和ごま競技普及協会では大怪我を防止するために、①コマは木製であること（鉄の輪をつけてはいけない）、②コマの直径は八・五センチ以下であること、③コマの木製部分の高さは五・五センチ以下であること、というルールをつくっています。

このルールは、危険回避のためでもありますが、もう一つ、大きい子に八・五センチ以上のコマを持たせないためでもあります。八・五センチ以下であれば、小さい子も七センチのコマで十分戦えるのです。コマを大きくするとか、鉄の輪をつけるとかではなく、勝つためには技を磨くしかないのです。こうしておくと、コツコツと練習する小さい子が高学年を負かすこともできるのです。

体験事業の問題点

よく、「地域で子どもさんとコマ回しをしておられるのですか、昔遊びはいいですね」と言われま

雪の中の団体戦

す。私は、大きい子と小さい子をつなぐツールとして一番適していたからコマを使っているのですが、なかなか理解されないようです。コマ遊びのルールも昔の遊びにはなかったものを考案し、今の子どもたちにうけるようにしていますので、昔遊びとは言えないほどに進化しています。昔は、コマは正月の遊びでした、しかし今、子どもたちは真夏でもコマで遊んでいます。進化を遂げたコマは、現代の遊びなのです。

今、各地で子どもたちに昔の遊びを教える取り組みがなされています。地域のお年寄りが、羽つき、メンコ、ビー玉、竹馬、竹トンボなどを教えたり、昔の伝統行事であるしめ縄づくり、モグラ打ちなどが体験事業として行われたりしています。地域の大人、特に高齢者は、子どもたちに何かしてあげたいと思っておられます。これは素晴らしいことです。親以外の大人と交流することは大切なことですし、さみしさを慰め、地域の子どもとお年寄りと仲良くなることで、両方とも楽しい時

真夏の木陰での団体戦

を過ごすことができると思います。

ただ、このような体験事業をしているから健全育成事業をしております、という行政の考え方は問題です。本当に子どもたちに力をつけているのか十分に検討されているとは思えません。大人が関わりすぎているのです。

子どもたちの健全育成事業は何をすべきなのでしょうか。まず、社会人になる前につまづかない術《すべ》を教えることです。中学、高校と進む中で、非行に走ったり、不登校になったりせず、自立心をもって立ち向かっていく力を養うことです。そして社会に出てからも、指示待ち族にならず、創造性をもって活躍する社会人としての基本的な素養を身につけることです。

大人が何かしてくれるという体験事業だけでは受け身の人間をつくり、自立心、社会性、協調性を身につけさせることは難しいと思います。いい大学を出ていい会社に入っても、何か足りないと言われる若者がなぜいるのでしょうか。その理由は様々でしょうが、子どものころの遊びが足りていないことも一因と言えます。子どものころ大人がセットした中で体験事業を受けてきたいい子に、自立心が育っていないのではないでしょうか。異年齢の子ども社会で自分から前に出て遊び、みんなで遊びを工夫し、自分が問題を起こしたら、それを自分で解決していくという体験が重要だと考えます。

私は、地域に子どもだけで遊べる子どもの居場所をつくりましょうと提案してきました。しかし、うちではいろいろと体験事業を実施しているので特につくる必要はない、と言われる市町村（地域）がほとんどです。

また、地域の人にボランティアをお願いすると「私は子どもたちに教えてあげる特技はもっていません」と言われる方が多いのです。私が「何もしなくていいのです、見守ることが子どもたちのためになるのです」と言っても、なかなか理解していただけないようです。

過干渉の親が指示し、大人がセットした体験事業を受け、それをうまくこなす優秀な子がいて、それが見本であるという世の中の風潮に引きずられすぎているのではないでしょうか。子どもたちのもっている能力を引き出すためには、子ども自身が自分の意思で行動し、自分たちで体験できる場を設けることが大切だと考えます。

立派な児童館を建てたがる行政

子どもたちのために何をすべきかと考えた時、児童館が第一に考えられます。特に政治家は、児童館を建てたがります。それは結構なことですが、子どもたちのために本当に役立つものにするには何が大事かの検討が必要だと思います。

児童館にはいろんな種類がありますが、次のような問題点があります。

①一定の行政区に一か所しかない。放課後ちょっと行こうかと思っても距離的に簡単に行けない。高学年になると自転車で行けるかもしれないが、低学年が気楽に行けるものは少ない

②何かの行事以外で行っても、本を読むか、遊具で遊ぶかしかできない。子どもたちが一時的に知り合いになっても、子ども社会を形成する場にはなりにくい

③タイルを貼ったきれいな建物が多く、管理人がいて「汚してはいけない」「静かにしなさい」と言って管理される。土の広場がないために思いきり遊べない

子どもたちのために何をすべきかというと、逞しさ、自立心、社会性、創造性を身につけさせ、社会で力づよく生きる力をつけてやることではないかと思います。そういう点では、児童館は効果が薄いと思われます。私自身の経験から考えると、次のような施設が有効です。

①身近にあること、いつでも行ける場所にあること

②思いきり遊べる、立派な建物ではないこと（プレハブがよい）。また、建物には卓球台が置けて、自由に本を読めるようにしておくこと

③隣接して土の広場があること。広場の一部にネットを張り、サッカーボールを思いっきり蹴ることができるようにすること

④管理する人はいるが、できるだけ口は出さないこと。さみしい子が来たら話を聞いてやる見守りボランティアがいること

⑤行事を行わないこと

このような施設であれば、地域と密着しているし、さみしい子をカバーできます。だれかと遊びたいのにだれもいないので、テレビを見るかゲームをするしかない子が、あそこに行けばだれかがいるという場所です。そのような場所が身近にできれば、非行防止には必ず役立ちます。また、行事を入れると受け身になり、自立心を育てるには効果が上がりにくいですし、行事だけを目当てにした子が集まりますので、子どもの連帯感が生まれにくくなります。

しかし、私が考える施設ならば、児童館建設の費用で各自治会単位につくれますし、地域の子ども社会づくりに役立つと思います。各地の公民館の利用を考えてもよいのですが、公民館のつくりと利用形態からして、子どもが思いきり遊ぶのにはふさわしくないものが多いようです。空き地はほとんど全部が駐車場に利用され、子どもの遊ぶ場所が少なくなっている現在、行政に再検討してもらいたい事項です。

コマ回しの指導の効果が出る地域と出ない地域

福岡県和ごま競技普及協会では、ガキ大将の養成のために「ちびっこ指導員」をつくりました。それが人気になり、各地から指導してもらいたいという要望が多くなりました。いろんなところに指導に出かけましたが、その効果についておもしろいことに気づきました。指導してコマ回しが遊びとして定着するかどうかです。

ちびっこ指導員は指導に出かけるのが大好きで、小さい子どもたちに一生懸命に指導します。そうすると大人が教えるより効果があり、ほとんどの子が回せるようになります。そしてコマを購入して

他地区から指導を受けに来た子どもたち

生き生きとコマを回し始めます。このように、その時は盛り上がります。しかし、コマ回しが遊びとして定着しない地域がほとんどなのです。なぜ定着しないのか私なりに分析しました。

まず定着するところは、自立心を育てることに注意を払っている団体です。コマ回しは、自分で努力しないとうまくなりません。そこには自立心が必要なのです。

ほとんどの団体が自立心を育てるというより、子どもたちを喜ばせるために大人がいろいろと世話をしてあげています。大人が指導してくれるものだから、子どもたちは受け身の状態で遊べるわけです。だから自分で切り開こうという子ども自身が本来もっている力を発揮するまでに至らないのです。一人だけが努力してコマがうまくなっても、それをまねして努力する子が続かなければ、遊びになりません。コマが好きになった子でも、芯が抜けたりすると自分で対処できません。

また、団体は子どもたちが喜ぶ遊びとか工作教室とか次々に行事を入れてきますので、一つの遊びを本当におもしろくなるまで追求できないのです。自ら努力しないで買ってすぐに遊べる玩具が多い時代ですから、子どもたちにとっては、努力しないといけないコマ回しは続けること自体が難しいのです。努力して成果が出る喜びを知らないまま次に進むことになってしまいます。

コマ回しが遊びとして定着するためには、自立心を育む指導者の存在が不可欠です。やたらと指導しないで、子どもたち自身が動き出すようにする指導者です。ほとんどの地域にガキ大将がいない状態ですから、しばらくその役割を果たすことも必要です。もちろん場所も重要です。

コマ回し指導の効果が出た団体

コマ回しの効果が出た団体に福岡市の「こばと学童クラブ」があります。ここは「こばと保育園」に併設された学童クラブです。このクラブを和ごま競技普及協会として指導したところ、三年間で国分アンビシャス広場のコマの技術を超えるまでになりました。三年もかかったのかと思われるかもしれませんが、国分アンビシャス広場の技術は非常に高いレベルにありましたから、簡単なことではありません。

なぜコマ回しがこばと学童クラブに定着したのでしょうか。理由を整理すると次のとおりです。

①学童クラブの目標を実践していること
・子どもたちが楽しく過ごせるようにしていること
・子どもたちが個々の目標をもち、生き生きと主体的に意欲的に活動できようにしていること

・異年齢の仲間集団の中で育ち合うようにしていること
②指導者が子どものことをよく理解し、表面的な教育理論ではなく、実践に基づいた教育指導理念をもっていること
③保育園時代からの異年齢社会が小学校に引きつがれており、すでに子ども社会ができていて、ガキ大将がいること
④保育園に隣接する学童クラブには、土の広場があり、土の山があって、穴を掘るのも削るのも自由にできる環境が備わっていること

この学童クラブは、コマ回しで異年齢社会をつくろうとされているわけではなく、障害のある子も含めて、みんなでできることを理由にコマを導入されたようです。コマ導入に熱心に取り組まれた子ばと学童クラブの仮屋倫子指導員は、「異年齢社会ができていても、缶けり、鬼ごっこなどには入れない子もいる。しかしコマは、個人で技を磨き戦うことができ、団体でも楽しく遊べるので、異年齢社会を強化できる遊びである」と言われます。

子どもたちのことを理解し、何をしたらいいかをしっかり考える熱心な指導者がいることが重要なことが、よく分かりました。

大学生ボランティアの問題点

現在、ボランティアが不足していることから、大学生にボランティアを期待する風潮があります。大学生の皆さんは、阪神淡路大震災の時など大変な活躍で、大きな力になりました。そして地域では

イベントの手伝い、清掃活動など、いろんなことで活躍されています。青少年アンビシャス運動でも各地域のアンビシャス広場などに地域の人の協力が少ないため、大学生に期待する声が聞かれます。私は、青少年育成活動に大学生ボランティアを活用することには、注意が必要だと考えています。一般的なイベントや何かの練習の際、またＢＢＳ活動など特定の子の相談相手になる場合には効果があると思います。しかし、幼児や小学生と遊ぶためのボランティアには弊害も多いと考えています。

国分アンビシャス広場では、一時、周辺の大学にお願いして大学生ボランティアを募集しました。六、七人のボランティアが来てくれ、子どもたちと遊んでくれました。一緒にボール遊びをしたり、鬼ごっこをしたり、時にはお化け屋敷をつくってくれたりして、子どもたちは非常に喜びます。そしてそれを目当てに来る子もいます。子どもたちは遊んでもらったから楽しいのです。しかし、これは、あくまでも受け身で、一時的な楽しさです。子どもたち自身が工夫しながら遊びを見つけることを阻害しますし、自立心を育てることもできません。まして、子ども社会をつくることはできません。

遊びを教えるリーダー養成のために、よく大学生を活用しているようですが、大人が手をたたきながら子どもと一緒に遊ぶ光景は、どう見ても子どもたちの自立心を育み、逞しくしているとは思えません。大学生の皆さんが子どもたちのためのボランティアをされることは素晴らしいことです。特にさみしい思いをしている子どもに若いお兄さんやお姉さんが寄り添うことは、効果があり、重要だと思います。ただ、今行われている指導者養成研修は一緒に楽しく遊ぶことを主な目的としているようで、果たしてこの方法でリーダーが育成できるのか疑問です。子ども社会とは何か、遊びとは何か、子どもたちの自立心を伸ばすためにどうしたらいいかを考えて研修することも必要でしょう。

それから同じ問題は、広場を経験した中学生にボランティアとして来てもらうことにも言えます。

太宰府天満宮和ごま大会で、コマ起こしの競技をする子どもたちと、時間を測定する中学生ボランティア。ボランティアの中学生たちも、小学生のころはマコに熱中していた

国分アンビシャス広場では、広場を経験した中学生に手伝いをお願いすることはありません。当初はそのようなことも考えましたが、今は断っています。理由は、次のガキ大将が育ちにくいこと、それと中学生の社会に早くなじんでもらいたいからです。以前広場に来ていた中学生が時々遊びにきますが、中学校で居場所がつくれないのかと心配します。それに今の広場は、子どもたちが自分たちで遊んでいますから、そのようなボランティアは必要としません。ただし、ちびっこ指導員経験者の中学生、高校生は、太宰府天満宮のコマ大会の時にはボランティアとして来てもらい、大活躍してくれます。

地域の大人から叱られる場の必要性

国分アンビシャス広場そのものが子ども社会ではなく、広場をきっかけにして周辺に子ども社会をつくっていると前に説明しました。広場そのものは大人のボランティアがいますから完全な子ども社会ではありませんが、ある重要な場としての役割を果たしています。

それは地域の大人から叱られる場です。広場で自由に遊んでいると、危険なこともいたずらもします。その時、ボランティアから叱られるのです。この叱られる場が子どもには必要だと分かりました。昔は、地域コミュニティがありましたので叱られる場がありましたが、今はそれがありません。少年野球などのクラブに参加している子は叱られる場があると思いますが、そのような場がない子どもは、地域の大人から叱られるケースはほとんどないと言ってよいでしょう。

学校では体罰は禁止されていますし、親も体罰はいけないと思う方が多いようです。体罰そのものはない方がいいと思いますが、体罰をも辞さない叱り方でないと、子どもたちに対して効果が少ないこともあります。広場で体罰を使うことはほとんどありませんが、迫力をもって地域の大人が叱ると、子どもたちはかなり感じるようです。

「叱る」とは、「危険なことをする」とか「人に対して酷い意地悪をする」とか、してはいけないことをきちんと教えることだと思います。遊ばないから叱る、うまくやれないから叱ることはすべきではありませんし、子どもを自殺にまで追い込む体罰は、絶対にやってはいけないことです。体罰でないとやる気を引き出せない指導者は、指導者としては不適格だと言わざるをえません。体罰などなしで子どもたちにやる気を出させるのが指導者です。

初めて広場に来た子どもは、叱られた経験がないために驚いてしまいます。しかし、そのうちに叱られることに慣れてきます。そして叱られても平気な顔をして従います。叱られることに耐えられない子は、広場の周辺で遊んでいます。そのような子どもたちは、かなりの自立心をもって遊んでいるわけですから、それは結構なことです。ただ、そのような子どもたちは、広場では禁止されているパソコンゲームなどで遊ぶ子が多いようです。その子たちが時々広場に来ますが、いつも広場で叱られながら遊んでいる子と歴然とした差が出ています。それは、大人との接し方の違いです。

いつも広場に来ている子は地域の大人と接する時にコミュニケーションがとれるのですが、いつも広場に来ていない子は大人と一定の距離をおいています。そして叱られることに慣れていませんので、なにかギスギスして信頼関係がつくれないでいます。私どもが育った一九五〇年代の地域社会は、地域の大人との交流が多く、叱られる場がたくさんありました。あの「頑固おやじ」「ごうつくばばあ」からまた叱られたと言って遊んでいたころのことを思い出します。そうやって地域で子どもたちを育てていたのです。小学校低学年までに悪いことは許されないことと、地域には悪いことをしたら叱る人もいるのだと覚えこませておくことも必要だと思います。

もちろん広場のボランティアから褒められることもたくさんあります。その時のうれしそうな顔は、親から褒められた時とは違った表情です。褒められるばかりではなく叱られることもあるから、うれしいのだと思います。

広場は、子どもも社会をつくるきっかけの場であるとともに、地域の大人から叱られる場でもあるのです。

活動資金について

「アンビシャス広場を運営するには活動資金が必要でしょう」とよく聞かれます。広場開設当初は、

マイゴマ

イベント時の材料費、講師謝礼、遊具代など、数十万単位の費用がかかりました。しかし、国分区の自治会から集会所使用料の免除と年間四万円の補助、保険も市の市民活動災害補償保険の適用により、今はわずかの費用で運営することができるようになりました。大きかったのは、ほとんどの子どもたちがマイゴマを持つようになったことです。コマは広場でも用意していますが、二百五十円～四百五十円のコマを、お小遣いをためて自分のために購入するのです。子ども社会ができて自分たちで遊ぶようになれば、場所を設けるだけで子どもたちは勝手に遊びます。

別につくった福岡県和ごま競技普及協会は、コマ回しを普及するための活動資金が必要です。太宰府天満宮で開く和ごま競技大会などは、当初は県からの補助金で運営していました。補助金は、子どもたちのために効果があろうがなかろうが、ほとんどが三年間で打ち切られますので、継続して事業を行うことが非常に難しくなります。なので、四年目から協力企業の支援を受けて実施してきました。しかし、毎年お願いに行かなければなりませんし、企業の担当者が変われば次の担当者が継続することに躊躇されることもあり、資金が集めづらくなります。継続して地域活動をするならば、安定して資金を確保することが必要です。資金がないから活動をやめよう

雨の日は広場に隣接した集会所の入り口でコマの芯の調整

かと思ったこともありましたが、瓢箪《ひょうたん》からコマではないですが、コマがおもしろいヒントを与えてくれました。

　広場でコマを始めて一年ぐらいでしたか、コマがおもしろくなった子が雨が降り出したにもかかわらず、外でコマを回していました。「こら、風邪ひくぞ、部屋に入らんか」とどなると、「こんくらいよか」と言って、なかなか室内に入らないのです。福岡のコマは芯が鉄でできていますので、室内で回すことはできません。そこで室内で回す芯が木でできたコマがないかと探しました。しかし、東北で使われる、芯が丸く上に突き出たコマしかありません。このコマは回し方が違うために違ったコマ遊びになります。何種類ものコマを導入すると共通の遊びにならず、子ども社会づくりの強化にはなりません。そこで室内用のコマを開発することにしました。木工所に試作品をつくってもらい、改良を重ねて、芯も木製で外で遊ぶコマの小型の直

太宰府の風景を描いた「さいふごま」

径三・五センチのコマをつくり上げました。これは子どもたちにも好評で、雨の日にはそれで遊ぶことができるようになりました。

そのコマが非常に可愛かったために、これに絵を描いて太宰府の名物にできないかと考えました。太宰府天満宮には年間七百万人の参拝客が訪れ、代表的な名物は「梅ヶ枝餅」です。そこでコマに絵を描いて新たな名物にすることを考えました。コマが大好きな子のお母さんがデザイナーでしたので、絵を描いていただきました。さらに友人が日本を代表するグラフィックデザイナーの一人である松永真氏に頼んでくれました。この二人に絵を描いていただき、参道にある太宰府天満宮の案内所で販売させていただくことになりました。名前は、太宰府を昔、宰府と言っていたことから、「さいふごま」とつけていただきました。これで、十分ではありませんが、自己資金で活動できるようになりました。

二〇一一年七月には、この「さいふごま」に「がんばろう東北」とデザインをして、宮城県の被災地の子どもたちに五百個プレゼントしました。そして「ちびっこ指導員」二名が宮城県山下町と亘理《わたり》町にコマ回しの指導に出かけ、大変喜ば

松永真氏デザインの「さいふごま」（上）と、それで遊ぶ子どもたち

がんばろう！ 東北

宮城県の被災地の子どもたちにプレゼントした「さいふごま」の東北バージョン（上）宮城県山下町と亘理町で、ちびっこ指導員２名がコマ回しの指導（左、下）

れました。九州のコマが東北で受け入れられるかと心配でしたが、必死で練習する子どもたちが「おもしろかった」と言ってくれて、コマの魅力を再確認しました。「がんばろう東北」のコマの製作は、久留米市の丸永製菓の永渕俊毅社長が応援してくださいました。

太宰府天満宮に参拝されることがあれば、この「さいふごま」をぜひお土産として利用していただければありがたいです。

社会人基礎力

経済産業省では「社会人基礎力」を提唱し、研究会を設けて検討がなされています。その研究会の報告では、社会人基礎力とは、「職場や地域社会で多様な人々と仕事をしていくために必要な基礎的な力」とされています。職場や地域で十分な活躍をするには、基礎学力や専門知識だけではなく、①前に踏み出す力、②考え抜く力、③チームで働く力が必要で、この三つを社会人基礎力としてとらえています。要は学力だけで判断して採用した社員が、社会人基礎力を欠いていたために期待に応えてくれない例が多発していることから、このような研究会が発足したようです。

私自身、働く中でこの社会人基礎力が足りないのではと思える若者を多く見てきました。経済産業省は、経済界とのつながりからこのことに気づいたようです。

ただ、「社会人基礎力」がなぜ欠けているのかという分析が十分になされていません。原因を明確にしないまま学校教育で取り組んでも、効果が薄いのではないでしょうか。高度経済成長を支えてきた団塊の世代が社会人基礎力をもっていて、今の青年には欠けているのであれば、両者の教育や環境の違いを明らかにすれば、理由の一部が分かると思います。

団塊の世代は、戦後間もない教育で育っていますし、今と比べて家庭教育に一生懸命だったわけではありません。今の家庭の方が教育は熱心ですし、地域にはいろんな体験をする施設もあり、事業もあります。大きく変わったのは、家庭では核家族化と教育熱心すぎる親の過干渉、地域ではコミュニティの崩壊、子ども社会の崩壊による自立心・社会性を訓練する場所の消滅だと思われます。

社会人基礎力をつけるための大学生のコンクールなども実施されているようですが、効果は薄いと思われます。なぜならば、それに参加できるだけの社会人基礎力をもった学生が参加するわけですから、基礎力をもってほしい学生は前向きにはならないケースが多いのではないかと思うからです。そのような試みも結構ですが、子どものころから思いっきり遊び、遊びの中で基礎力を身につける試みをすることも必要でしょう。対処療法だけでなく、長い目で見た取り組みをしていかないと、根本的な解決にはつながらないと考えます。

文部科学省は地域活動の目的と方策を明確に

文部科学省は二〇〇七年に中央教育審議会の答申「次代を担う自立した青少年の育成に向けて」を出しています。その中で「意欲を持てる青少年と持てない青少年の二分化への懸念」を指摘しており、それに対して、「青少年の自立への意欲に対する社会的期待と大人の責任」を示しています。「意欲を持てない青少年」に対する体験活動などの必要性にはふれていますが、「意欲を持てる青少年」でも社会人基礎力を欠いた青少年がいることも認識される必要があるのではないかと思います。

また第三章では「青少年の意欲を高め、心と体の相伴った成長を促すために――重視すべき視点と方策」が述べられ、「地域の大人が青少年の育成に積極的にかかわっていくという価値観を醸成する」との視点のもとに、「地域の大人が地域の青少年の成長に継続してかかわることのできる場や機会を広げ、その連携を進める」などが挙げられています。現在、「地域の大人が積極的に関わる」活動は全国的に盛んに行われています。その関わり方が大切なのですが、関わり方の分析が足りないのではないでしょうか。

幼児期に親が愛情をもって関わることは重要です。しかし、その後の関わり方についてきちんとした方策をつくっていません。その結果、地域で大人が関われればいいのだということになり、みんなが何かしてあげれば子どもたちの健全育成ができると思いこんでいるのではないでしょうか。多くのボランティアが子どもたちのために活動しておられます。その多くを文部科学省は奨励し、補助金を出しています。補助金が出るからやっているという団体もあります。文部科学省は、大人が子どもとかかわるのはいい体験だからと言っているようですが、何を目的にしているか分からないものも多いようです。

確かに、何もしなかったら、子どもたちはパソコンゲームなどで外に出てきません。子どもたちを外に引っ張り出し、自分たちで遊ぶようにするには、何か仕掛けが必要です。文部科学省はその方策を考え、示すべきでしょう。青少年育成の施設を活用して三泊四日で訓練するのもいいでしょうが、それはあくまでも一時的な大人主導の訓練であって、自立心を養うには十分ではないと思います。それよりも地域の生活の場の中でどうしたら子どもたちの自立心を養うことができるかを示すべきです。

また、答申では、「家庭の役割を強く自覚し、家族全員で子どもに積極的にかかわる」と言ってい

左腕を骨折していてもコマで遊びたい

ます。家族との対話、行動、これは非常に重要なことです。ほとんどの保護者の方はそうなるよう努力されています。しかし、家族との行動だけを重視しすぎると、弊害もあることを明確にすべきだと思います。

特に幼児期から少年期になり、自立心を養い独立しようとする時期に、家族での行動を何よりも優先させるべきどうか、十分に考える必要があると思います。

実際に、家族で遊びに行くという時にでも「僕はコマ回しに行く」と主張して広場に来る子が多くなっています。またある父親が、自分の子が友達と折り合いが悪くなった時に「友達と遊ばんでもいいじゃないか、お父さんがどこでも連れて行く」と言って連れ回したのはよくなかった、と言っておられました。その子は一年後に広場に復帰し、コマでみんなの中に戻って、今は逞しい中学生になっています。

答申を読んでも遊びの子どもたちに対する効用が分析されていません。遊びとは何か、もう少し突っ込んだ議論が必要でしょう。幼児期の遊び、少年期の遊び、それと大人が考えた遊びの違い、大学

土の広場で好きなように遊ぶ

生と一緒の遊び、子どもたちだけでの遊び、競争を取り入れた遊び、それぞれの違いは明確にすべきです。一口に遊びと言っても様々です。その中のどれが子どもの力を伸ばすのか検討する必要があります。

大人が関わりすぎないで子どもたちが自立心を育むためには、遊びを活用することが重要と考えます。そもそも遊びとは、大人がいなくても子どもたちで考えて自分たちだけで遊ぶものです。問題は、昔あった、空き地、遊べる公園などが身近にないことです。立派な総合体育館、児童館などでは、大人が考えた遊びなら別ですが、子どもが自分たちで考えて思いっきり遊ぶことはできません。生活圏内に思いっきり遊べる広場と雨露をしのぐプレハブの建物があれば最高です。そのような場を子どもたちは欲しがっています。総合体育館をつくる費用で生活圏ごとにつくることは可能でしょう。大人はそのような場所を確保する努力をするべきです。そうしたら、パソコンゲーム、カードなどの強敵に勝つことができると思います。

文部科学省の「放課後子どもプラン」に示されているように、平日の放課後、子どもたちの安全安心をどう確保するか、それも重要なことです。ただ、その中に子どもたちの自立心を育むためにはどうしたらよいかの視点も必要だと思います。

自立心を育む
「子ども社会」の再生

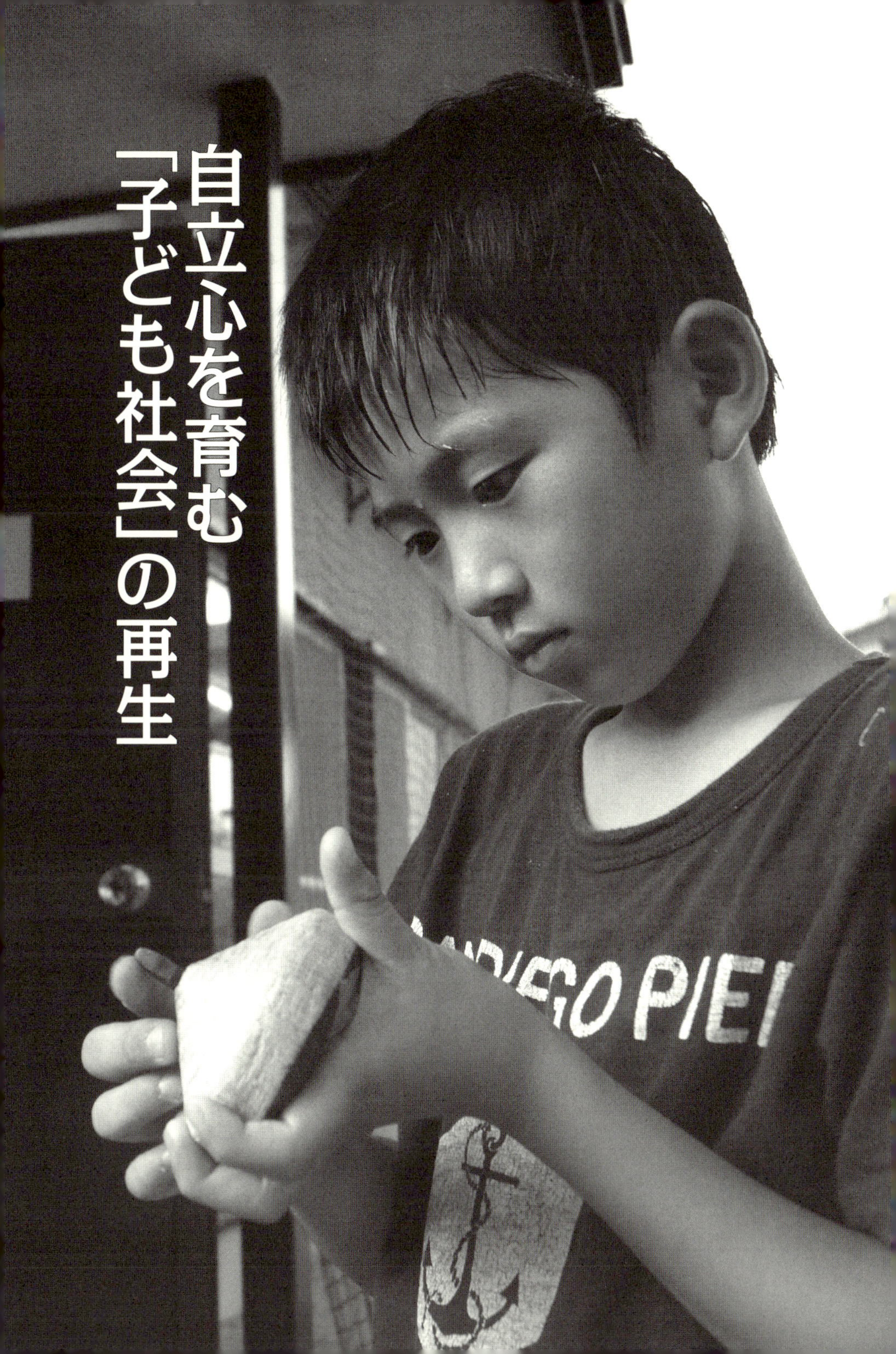

子どもたちに身につけてやるべきは自立心

青少年問題は、冒頭にふれたように、少年犯罪、引きこもり、不登校、新規卒業者の早期離職などの厳しい問題から、そこまでいかなくても規範意識の低下、コミュニケーション能力の欠如、学力低下まで、いろいろ言われています。さらに、一般的に優秀と言われる高学歴の若者にも「指示待ち族」と言われるなど、何か元気のない若者もいます。

十二年間子ども社会の再生に向けた取り組みをして、これらの問題の根底に共通することは、若者自身の自立心の問題だと考えるようになりました。自分で気づき、考え、決め、行動することができれば、これらの問題はほとんど解決できるのではないでしょうか。自分で考え自分で判断する時、多くの人の愛情を受けているか、正しい判断基準を教えてもらっているかなど、子どもによって条件は違うでしょう。共通して基本にあるのは自分で判断して行動する力、自立心だと思います。

だれも好き好んで非行に走ったりしません。しかし、いろんな事情がある中で、最後は誘惑を拒否できないのです。優秀な若者が上司に言われる前に動き出せばいいのですが、自分で気づかないか、気づいてはいるが動き出せないのです。問題ある若者は、社会に出て一番必要とされる自立心が育っていないのです。人に対して優しい子、広い視野をもった優秀な子、それは素晴らしいことです。しかし、もっとも大切なことは、自立心を身につけて逞しく社会を生き抜くことです。

いま日本の経済が成熟していく中で、生産工場は賃金の安い開発途上国に出ていく現象が起きています。それなりに勉強していれば、どこかに就職できるというかつての時代から大きく変わろうとしています。言われたことはやるが、言われないと動かないではなく、自分で考え、自分で努力して行動する力を育む取り組みが重要です。

では、どのようにしたら自立心を育むことができるのでしょうか。

子ども自身でプログラムを書いているか

地域で活動して驚いたことは、子どもたちの教育環境が非常に整っていることでした。学校は、学力向上だけではなく、いろんなことを体験させています。学校外では、少年野球、サッカー、バスケットボールなどのクラブがあり、学習塾、お稽古ごともたくさん用意されています。それに地域では、子ども会などでの季節ごとに楽しく遊ぶイベントや昔遊びの体験など、いろいろと用意されています。子どもが自分の判断でそれに参加し、自分で考えて行動している場合もあると思いますが、多くは大人の意向で参加し、大人主導で行動しているケースが多いようです。それが悪いというのではありません、子どもたちを訓練し、鍛え、礼儀を教えるのも必要なことです。しかし問題は、このような大人主導の取り組みが子どもたちの自立心を育んでいるかということです。大人が書いたプログラムの中で子どもたちは行動しているのではないでしょうか。遊びを見てもパソコンゲームなど大人が書いたプログラムの中で遊ばされているのです。

冒頭に紹介した江崎玲於奈先生の言葉をもう一度考えてみます。

①人間は自分の行動を決しているプログラムを書くことができる点で動物と違う。子どもたちがアンビシャスになるということは自分で自分の行動を決するプログラムを書くことができるという

ことです。

②子どもたちが自分で考え意思決定するようにするためには、家庭・地域社会は、あまり取り組みをしない方がいいでしょう。取り組みをするという考え方自体が子どもたちを自由奔放にさせることを避けている。小さい時から自立というものを教えないといけない。「何々してはいけない」ということは教えないといけないが「何々しなさい」ということは教えない方がいい。「物は盗ってはいけない」とか基本的なことは教える必要はある。日本では「しなさい」ということを教える。自分でやる気を起こすことが大事で、どうしたら自分からやる気を起こさせるかということが問題です。

江崎先生の言われる子ども自身でプログラムを書くことができるようにするためには「何もしないのがいいでしょう」と言っておられます。これは正しいと思います。しかし、今、大人が何もしなかったらどうなるのでしょうか。

遊びについて考えると、自分たちで遊びたいと思っても、外で遊ぶ子どもたちが少ない中では自分で遊びを考えなくてはなりません。そうするとほとんどの子どもたちは、それこそパソコンゲームなどに走ると思います。結局大人が書いたプログラムの中で遊ばされることになります。だからこそ、子どもたち自身でプログラムを書くことを訓練する場が必要なのです。

自分でプログラムを書く訓練の場、それが子ども社会

十二年間国分アンビシャス広場を開き子ども社会の再生に向けた取り組みをしてきました。最近で

広場が休みの日曜日、自分たちで集まって遊ぶ子どもたち

は、広場を開く土曜日の午後には、幼稚園から六年生まで四十人から五十人が集まり、勝手に遊ぶようになりました。広場の目的を理解したある保育所のお母さん方が多くの子どもたちを参加させたがっていますが、広場の広さからみて小学生が思いっきり遊べなくなりますので、団体で参加するのを断るまでになっています。

広場では大人が何もしませんので、ガキ大将を中心に自分たちで遊んでいます。広場を開いていない日曜日には十五名から二十名が、平日の放課後は十名程度の子どもたちが、小学校高学年に低学年が加わり、異年齢で集まっています。遊びはコマが中心ですが、ほかの遊びもしています。トラブルもあるようですが、ガキ大将がいますので、その社会の中で解決しています。

広場を開く時にはコマの修理に必要な、金槌、ヤスリ、木の台などは大人が用意しますが、それも自分たちで用意しています。参加するかどうか、どのようにして遊ぶか、子どもたちがプログラムを書いているのです。遊びながらの訓練ですから楽しいのです。大人が関与しないで子ども自身がプログラムを書く訓練の場の一つが子ども社会だと思います。

子ども社会は自己発見の訓練の場

子どもたちが子ども社会の中で自分で書いたプログラムによって行動を始めると、多くのことを体験します。それが自己発見につながります。

アンビシャス運動が始まる時、江崎玲於奈先生に講演していただきましたが、その中で先生は次のように言われました。

「人間は固有のＤＮＡを持って生まれています。この天性のタレントが大事です。何が他人と違うのか、何が他人と同じなのか、何が得意か、何が不得意か、何に成功したか、何に失敗したか、何に感動を覚えるか、何に無関心か、何をやるか、何に悲しむか、何を愛するか、何を憎むか……。さまざまな人たちとのとの交流、つまり、知性や感性が大いに刺激される環境の中で自己を発見するのです」

子どもたちは一人ひとり違います。一つは教育環境、生活環境による違い、もう一つは江崎先生の言われる、持って生まれた天性の違いです。この「天性」を見つけて伸ばす環境を整えることが重要です。福岡県アンビシャス運動のメインテーマは「天性を見出し育成に努める」です。この天性を見出す場をつくっているか、育成に努めているかが問題なのです。

江崎先生は天性を育成する教育について、次のように述べられました。

「天性を育成するのに二つの方法があります。一つは『受ける教育』、もう一つは『自らやる教育』です。受ける教育は学校の先生から与えられる刺激を記憶し、理解し、適切な判断力、選択力、義務感、責任感などを会得すること。これは絶対に必要ですが、これは受け身の教育と言ってもいいわけです。もっと大事なことは、自分がそうなりたいと思う人物像、ああなりたいと思うものを胸に秘めること。そして、ガイダンスを受けるとしても、自己の潜在能力を自分が引き出す努力をすること。つまり自主的な教育で、これにより子どもたちの将来に決定的な影響を及ぼす創造性が養われるのです」

十二年間子どもたちを見てきました。最初は分からなかったのですが、コマを通して子ども社会ができ、自由に遊ぶようになると、この二つの教育の違いが少しずつ分かってきました。

大人が主導していろんなイベントを行っていた時は、子どもたちはみんなついてきます。みんなと一緒にできない子は大人が手助けをしてみんなに合わせてやります。なので、一応みんなできるわけです。ところが子ども社会の中で勝手に動きなさいということになると、子どもによって違いが明らかになります。問題なく子ども社会に入れる子がいる一方、同じ年なのになかなか入れない子もいます。しかし、入れない子でもコマという手段で子ども社会に入れることが分かると、黙々と努力して一、二年遅れで社会に入ります。社会に入ったら、みんなと一緒にコマに熱中できています。

初心者の多くは「おっちゃんどうしたら投げゴマができると」と頼ってきます。大人が何とかしてくれることを期待しているのです。そんな時、私はちびっこ指導員を呼んで投げゴマをして見せるように言い、その子に見本を示します。そしてポイントだけを教え「あとは自分で努力しなさい、コマは練習すれば必ずできるようになる」と言って手を出しません。

そしてコマがある程度できるようになると、打ち合いの中に入れます。あとは、ガキ大将の指示に従っていれば、コマの団体戦に参加できるようになります。

こうして遊ぶうちに、どうしても自分自身で判断して動かざるを得ない場合もでてきます。そこでまた個人差が見えてきます。

例えば芯の調整です。高学年が調整しているのを真似て自分で始めますが、これは難しく、低学年ではなかなかできません。しかし、二、三年生であっても、何度も挑戦して失敗を繰り返し、完璧にコマが回る状態にできる子もいます。大人が驚くほどの粘り強さです。できない子は、私のところに来て「おっちゃん調整して」と言います。コマを遊びに導入した当初は大人が調整していましたが、今は調整方法を教え、よほどのことがない限り調整しません。子ども社会ができた今、子どものために大人はできるだけ手を出さないようにしています。そうするとほとんどの子は自分で努力し、四年生ぐらいになると調整ができるようになります。

最近では調整のうまい子に頼んだり、六年生のガキ大将が低学年のコマを調整したりしているケースも多く見られるようになりました。同級生だけの社会では見られない光景です。

三年生になると「ちびっこ指導員」の資格試験に挑戦できます。受験する子もしない子も、どちらもいますが、受験する子の動機は、指導員として各地に指導に行けることと、憧れの団体戦のリーダーになれることです。

指導員は五、六年生になると団体戦のリーダーを務めます。リーダーは大変です。幼稚園から高学年まで約十名をドラフト会議で指名してチームを構成し、まとめないといけません。リーダーになり

低学年のコマを修理する6年生

たいと思って指導員になったもののなかなかうまくいかないことも知ります。

リーダーを務めないとA級指導員の認定が受けられませんので、ほとんどの子は何とかリーダーを務めます。ドラフト会議で誰を指名するか、どのような順番で戦うか、どうしたらチームのみんながやる気を出すかを考え、勝利に導くのがうまい子もいます。リーダーにはなれなくても、リーダーをサポートするのがうまい子もいます。あまり勝負にこだわらない優しいリーダーもいます。

低学年ではコマが得意ではない子もいますが、黙々と練習する子がほとんどです。広場には来るものの、コマに興味が持てなくて卓球の練習をしている子も、わずかですがいます。

このように、子どもたちは全部違うのです。その違いを知るために、子どもの中で多くのことに挑戦し、いろんな違いを発見してもらいたいと思います。少年期に自分には何が適しているのか理解することは無理でしょう。しかし、この時期に自由に動き挑戦し、失敗し、その繰り返しの中で自分を発見していくことを覚えることが大切です。

「天性を見出し育成に努める」このアンビシャス運動のテーマは需要です。大人が子どもたちはこうすることが一番良いと決めつけないようにしないと、その子の天性を発見できないままになる恐れがあります。子ども社会は、子どもたち自身が自分の天性を発見する訓練にもなると思います。

［参考］子ども社会の再生はどうしたらできるか

最後に、これから子ども社会を再生したいという方や、すでに挑戦中の方の一助になればという思いから、私の体験から見た子ども社会を再生するための要件をまとめてみました。

①地域に子ども社会をつくろうとするグループがあること

主催者には、昔の子ども社会を理解した高齢者が適している。子育て中の保護者の協力は当初は不可欠であるが、保護者が主催者になることは、できるだけ避ける。というのは、地域のすべての子どもたちを対象にすることになるので、保護者が関係していないところの子どもが参加できにくくなる恐れが生じるからである。

②集まれる広場をつくること（できるなら土の広場があるところ）

子どもたちが集まれる場所を用意する。雨の日でも集まれる屋根のある建物が併設されていることが望ましい。子どもたちの生活のリズムの中に広場を組み込むためには、雨の日は休みではなく、毎週一回、だれかがいる広場をつくることが大切だ。

③最低でも一週間に一回は広場を開設すること

一週間に一度、できれば土曜日か日曜日、多くの子どもたちが集まり、一生懸命に遊ぶことで子どもたちの生活のリズムに組み込まれ、密度の濃いつながりができる。これが子ども社会づくりのベースになる。

④子どもたちを集めること

子どもたちが集まらないと何も始まらないので、最初はイベントをしてでも子どもたちを集める。初めだけは保護者グループの協力を得ることも考える。ゲームを持たせないか、持たせてもできるだけさせないようにしている保護者にお願いして、子どもたちに来てもらう方法もある。

⑤子どもたちの出入りは自由であること

初めての子でも自由に出入りできることも重要なポイントである。そのために会員制ではなく、だれでも参加できるようにする。義務的に集まらないといけないと思うと負担になる子がいるので、参加は自由。自分の意思でいつでも参加できて、行きたくない時は行かなくてもよい、また帰りたい時はいつでも帰り、いつでも戻れるというような安心感が、自由な子ども社会には必要である。

⑥みんなを引きつけるだけのおもしろい共通の遊びを一つ用意すること

これが一番難しい。子どもたちの周りには、パソコンゲームやカードなど魅力的なおもちゃがあり、それに負けないか、同等のおもしろさがあるものでないと続かない。また、異年齢の子ども社会をつくるための共通の遊びとなると、選択肢は少なくなる。私は「和ごま」を使ったが、それに限定する必要はなく、次の二つを満たすものであれば、どんな遊びでもよい。

・幼稚園児から六年生まで、みんなが熱中するもの
・毎週やっても飽きない、それをやることが楽しみになるもの

子どもたちが勝手にいろんな遊びをするのはよいが、自由にさせておくと、大きい子と小さい子では違った遊びになってしまう。そこで、自由に遊ばせながらも、共通の遊びを三分の一程度の時間、全員でするように仕向けることが大切である。

また、毎週やっても飽きないためには、遊びに技を磨く要素が入っていないと難しい。みんなで遊ぶために少しずつ上手になっていくことにより、遊びに熱中することになる。

週ごとにいろんな遊びを入れると子どもたちは喜ぶが、ひとつの遊びのおもしろさを追求することなく次に行くので、遊びが定着せず、子どもたちはつながらない。

メインの遊びは年齢に関係なくみんなに定着するまで続ける必要がある。

その遊びに飽きないようにするために、必要に応じて新たなルールをつくる。つまり、個人で技を磨くことができ、みんなでゲームができるルールの開発である。子どもたち（特に男の子）は競うことが好きなので、それをうまく使って、時間や長さを競う競技を作り出せば、子どもたちは熱中しはじめる。

高学年から低学年までがつながるためには、高学年になってもおもしろさが継続することが必要である。それには、努力した子を評価するためにグレードを設けて認定する方法などが考えられる。ルールは子どもたちが遊ぶ中で考え出す場合もあるので、それを参考にすると現代の子どもたちに合ったルールの開発ができる。

⑦ガキ大将ができるまでガキ大将の役割を果たすボランティアがいること

指導したがるボランティアではなく、子どもたちのやる気を引き出し、ガキ大将を育てることのできるボランティアが不可欠である。それは、子どもたちが気軽に声をかけることができ、親しみやすく、共通の遊びが定着するまで子どもたちと本気で遊ぶことのできる人が望ましい。

不向きなボランティアとしては、まず第一に保護者があげられる。その理由として、親から離れて子ども社会をつくろうとしているのに、親の目があっては自立心が生まれにくいこと、また、手伝わなければならなくなるから自分の子どもを参加させないようにする親がいることがある。

大学生ボランティアも不向きである。子どもたちは、大学生に遊んでもらうのは大好きだが、それでは遊んでもらうことを期待して自分たちで遊ぶ工夫をしない。結果、子ども社会はできにくくなる。

また、ボランティアが安心して参加できるように、ボランティア保険を準備する。

⑧広場を開いた時は子どもたちが必ず集まること

①から⑦がそろえば、子どもたちは自主的に集まってくる。

しかし、最初から子どもたちが多く集まることを期待するのではなく、二、三人の子どもでも、この子たちが逞しくなってくれたらいいと思って継続することが重要である。そのうちに自由に遊ぶことのおもしろさが分かり、そこに行けば誰かがいる状況ができれば、子どもたちが集まってくる。

一つの社会をつくるのに、人数が多すぎてもだめで、常時二十名程度が入れ替わりながら集まるようになれば十分である。その中の数人が常連になり、あとは自由に入れ替わる状態になれば、活気のある集団ができる。その集団が広場以外での外遊びのおもしろさを広げていく。

⑨原則としてイベントを入れないこと

大人が子どもたちに何かしてあげるイベントは素晴らしいことだが、それを期待して子どもたちは受け身になる。イベントを目的に、その時だけ来る子どもがいると、自立心をもった社会をつくるには効果がない。何もしないで子どもたち自身が動くようにしないと、子ども社会はできないからだ。ただ、共通の遊びが定着するまでは、イベント的になるかもしれないが、みんなで競争するような何らかの仕掛けは必要である。

子どもたちが集まりだし、ガキ大将ができれば、子ども社会ができる。あとは、場所を定期的に提供し、ある程度の遊び道具を用意しておけば、子どもたちは勝手に遊びを始める。そして広場を開かなくてもそこに集まったり、また自宅近くの空き地などに集まったりして、子どもたちだけで遊びはじめる。それが私の考える真の子ども社会である。

あとがき

福岡県の青少年アンビシャス運動は、県民を巻き込んで議論し、県民を上げて取り組みをした全国でも例を見ない運動です。始まってから十二年たちました。スタート時に参加団体は三百六十八団体だったのが十二年後には千五百を超えるまでになりました。

その中でアンビシャス広場は、初年度が六十二カ所、二年目が百六十九カ所、三年目が二百四十四カ所と順調に開設が進みましたがその後、微増で現在二百六十カ所程度になり横ばいの状況が続いています。新たな開設が少なく、閉鎖する広場も出だしています。一般の参加団体は、すでに活動しているスポーツ団体などが「アンビシャス運動に参加します」と表明するだけですから、特に新たな活動が始まったわけではありません。

アンビシャス広場は今まで存在しなかった活動ですから、広場ができることでその地域に新たな活動が始まるわけです。運動が発展しているかどうかは、新たな広場が次々にできるかどうかにかかっています。

地域の子どもの居場所としての広場は各自治会単位と考えれば福岡県内で五千カ所以上は必要なのですが、増えません。なぜ増えないか、第一にこのような運動は二、三年たてば新鮮味がなくなってくることです。

第二に広場の効果が地域において実感できないことだろうと思います。子どもたちに対する効果はそう簡単には出ないのですが、目に見えた結果が早くでないと事業の成果が認められないのです。

第三に広場の効果が見えないとどのようなイベントをしたか、子供たちはどのような体験をしたか、子供たちは喜んだか、子どもたちが何人参加したか、という評価だけになります。子どもたちを集め、喜ばすためには何かイベントを考えないといけません。そうなるとボランティアは大変で、費用もかかります。そうすると別に毎週広場を開設するのではなくときどき子ども会等でやればいいではないかとなってしまいます。

子どもたちに対して効果があったかなかったかは判断が難しいですが、実際に現場にいるボランティアは子どもたちの変化がはっきりわかります。国分アンビシャスのボランティアとして十二年間かかわってきた数名のボランティアは、子どもたちの変化をはっきり確認し合っています。特に広場で何もイベントをやらなくなった後の効果がはっきりしています。大人は何もしないで子どもがどう動くか、みんなと遊ぶか、どのように遊ぶかを見ていると分かりやすいのです。

子供たちが集まる場を設ければ、大人は何もしないほうがいいのです。ぜひ多くの地域で地域子ども社会の再生にむけて取り組んでほしいと思います。そのときにこの本が少しでも役立てば幸いです。教育の素人が地域の子ども社会の再生に挑戦し、失敗を重ねながら手ごたえを感じるまでになりました。これまで多くの皆さんにご協力いただきました、心からお礼申し上げます。とくに十二年間、毎週、毎週、広場を開き、子どもたちを見守り続けていただいた松本美那子さん、茅野文子さんには本当にお世話になりました。

また、この本をまとめるに当たり、お忙しい中ご指導いただきました横山正幸福岡教育大学名誉教授には大変ご迷惑をおかけしました。体験を羅列していたものを少しでも分かりやすくできたのも先生のおかげです、有難うございました。

そして最後に地域子ども社会の再生の取り組みに協力してくれた多くの子どもたちに心から感謝したいと思います。

二〇一三年三月

藤田弘毅

藤田弘毅（ふじた・こうき）
1943年、福岡県生まれ。福岡大学法学部卒業後、福岡県庁入庁。2001年、生活労働部長を最後に退職。その後、福岡県立福岡勤労青少年文化センター（ももちパレス）館長、株式会社久留米リサーチパーク代表取締役を歴任。現在、県庁在職時から続けている国分アンビシャス広場での子ども社会再生に取り組みながら、2003年に設立した福岡県和ごま競技普及協会の会長を務める。

消《き》えた子《こ》ども社会《しゃかい》の再生《さいせい》を
国分《こくぶ》アンビシャス広場《ひろば》12年《ねん》の軌跡《きせき》

■

2013年4月20日　第1刷発行

■

著　者　藤田弘毅
発行者　西　俊明
発行所　有限会社海鳥社
〒810-0072　福岡市中央区長浜3丁目1番16号
電話092(771)0132　FAX092(771)2546
印刷・製本　大村印刷株式会社
ISBN 978-4-87415-882-1
http://www.kaichosha-f.co.jp
[定価は表紙カバーに表示]